PAOLA BARALE

NON È POI
LA FINE
DEL MONDO

Prefazione di Filippo Sorcinelli

Sperling & Kupfer

Le informazioni contenute in questo libro non intendono sostituirsi al parere professionale di un medico. L'utilizzo di qualsiasi informazione qui riportata è a discrezione del lettore. L'autrice e l'editore declinano qualsiasi responsabilità diretta o indiretta derivante dall'uso o dall'applicazione di qualsivoglia indicazione riportata in queste pagine. Per ogni problema specifico si raccomanda di consultare uno specialista.

Le emoticon sono di Adobe Stock.

Pubblicato per

Sperling & Kupfer

da Mondadori Libri S.p.A.
Proprietà Letteraria Riservata
© 2023 Mondadori Libri S.p.A., Milano
NON È POI LA FINE DEL MONDO

ISBN 978-88-200-7709-9

I Edizione maggio 2023

Anno 2023-2024-2025 - Edizione 1 2 3 4 5 6 7 8 9 10

A Simona,
l'amica che mi ha fatto capire
che cosa significa vivere libera
e diventare grande
senza rinunciare alla leggerezza.

PS: ti penso, lo sai, ovunque tu sia.

Prefazione

di Filippo Sorcinelli[*]

CHE faccio? La scrivo sul telefono? O forse è meglio iniziare a sottolineare sulle bozze?

Nella genesi della bellezza credo possa essere inserita anche la fragilità, reazione emotiva alla crescita. E a quei determinati bisogni e desideri più nascosti. Occorrerebbe però capire se questa fragilità può identificarsi anche come un limite. Come comportarsi, dunque, nei confronti dei limiti, della loro frequente infrazione o, meglio, della loro sofferente accettazione?

Scorrendo le pagine di questo libro ho agitato un leggero vento notturno, quasi un brivido, ancor più enfatizzato dalla sincerità delle parole scritte, ormai impresse chiaramente, quasi a tracciare una strada nuova con le mani. Con forza.

Ma io Paola l'ho vista solo in televisione, e la televisione eternalizza i personaggi... non possono invecchia-

[*] Artista, organista, creatore di paramenti sacri e profumiere.

re come me, non hanno debolezze, non rimpiangono i tempi passati, non umanizzano il quotidiano fino a farlo diventare preoccupante.

Vallo a spiegare a tutti, adesso, che quel che conta è la bellezza dell'animo!

Che cosa significa «fragile» ce lo insegna il latino *frangere*: spezzarsi, rompersi. Si dice che qualcosa è fragile quando ha la caratteristica strutturale di andare in frantumi facilmente.

La condizione di fragilità coinvolge fatalmente ogni essere vivente. Ciò che infatti rende fragile la natura umana è il suo rapporto con la vita stessa: caducità, sofferenza, invecchiamento, fino al cammino inevitabile e irreversibile verso la morte.

Ma un aspetto interessante è la contrapposizione tra fragilità e forza.

Nelle pagine di Paola intravedo un solido coraggio nel dire, nell'affermarsi diversa, uno strenuo combattimento fisico contro gli insulti esterni, un desiderio di sopire le paure; ma anche un incedere con stabile autorità. Rigidità, rocciosa staticità, sono condizioni assai poco idonee alla sopravvivenza dei propri sistemi... Averci spiattellato la sua fragilità sembrerebbe aver definito in modo negativo aspetti fisici o psicologico-caratteriali, o entrambi, come la predisposizione ai cedimenti fisici, alla non accettazione della precoce menopausa, nonché la debolezza morale, la paura e così via.

Esiste certo un aspetto debole della fragilità. Ma c'è

anche un'altra fragilità, quella che si combina con la capacità di emozione, con la percettività sensibile, con la flessibilità che consente di mantenere gli equilibri fra le varie componenti fisiche e psichiche.

Il continuo dialogare di Paola con se stessa, con la sua fedele ombra suggeritrice e con chi ha composto questo libro, il suo autodispensarsi consigli emotivi a mo' di «Massime Eterne», lasciano emergere una convivenza stretta con i colori della realtà, fatta spesso di paure che lei vorrebbe scacciare con una velocità – e semplicità – pari a quella di aggiustarsi una ciocca di capelli con un gesto.

Eppure la paura c'è, e ha anche il suo odore!

Eh sì, Paola, avrei voluto fotografarla io questa tua fragilità, per guardare insieme il risultato consumato dalla vita, non dissoluta, ma semplicemente autentica.

Capire l'autenticità dei gesti, forse, è l'attività più complessa per ognuno di noi: re-agire con loro, infatti, significa vivere e non convivere con il cambiamento.

Sono pagine realmente utili, queste che nel silenzio si fanno ascoltare, accompagnano e non lasciano più soli. Sono dialoghi-memorie, come impronte su una cornice che ci fa intravedere la storia di una donna dalla personalità elastica, plastica, che genera capacità di adattamento e quindi «disponibilità» al cambiamento, e che con le sue «fluttuazioni fisiche» non fa sbiadire il graffito della vita.

È questo suo essere in anticipo che riporta la donna non su un palcoscenico ma nel cuore del suo istinto femmineo, nel suo abbandonarsi alla fantasia, ora con grazia, ora con debolezza, ora con forza, ora con eleganza o con animalità, sempre con un tocco di mistero che stupisce.

L'invecchiare, con le paure annesse, diventa intuito per rileggersi e per mettersi definitivamente a nudo, con turgido entusiasmo, nell'esaltante ascesa verso una ricerca di confronto, talvolta quasi esasperata, ma quantomai necessaria.

Vampate reali, che mettono in mostra il proprio segreto nell'attimo stesso in cui lo si nasconde, nel ricordo sordo e malinconico della giovinezza e dei suoi odori, che saziano l'attimo preludendo al futuro e al senso di finitezza che lo accompagna.

Accettarsi nel cambiamento – e cercare disperatamente una conferma – è il passaggio essenziale che consente a Paola di comprendere i limiti degli altri, di acuire la propria sensibilità percettiva, di definire questa sua ormai virgolettata «fragilità» come via attraverso cui passa la capacità di comprendere e di comprendersi.

Aver preso coscienza dei propri limiti, aver analizzato lo strascico temporale del «dopo sesso», aver inciso nelle pagine che il sesso non è un incastro genitale ma energia è come aver voluto abbandonare un inquieto smarrimento, identificandosi definitivamente – e olfattivamente – tra le persone senza legami ma senza solitudine.

La sua nuova «condizione» ridefinisce Paola e dirige

i suoi comportamenti verso l'umiltà della consapevolezza, nella determinazione che sconfigge la paura del tempo, nella lotta contro quegli atteggiamenti ideologico-perbenisti che non fanno vedere qual è il corpo e qual è l'ombra.

Cambiare, vivere di forza propria fa sbocciare sempre fiori lontani dall'ignoranza, perché la mente si apra alla condivisione: azione necessaria affinché tutte le culture possano connettersi fra loro, perché all'una manca la verità dell'altra. Ed è proprio nella mancanza che si riconosce ciò che ci accomuna.

È in questa assiduità nel confronto che Paola ricentra la sua identità, facendo i conti con la bellezza. E mi fa riflettere sulle svariate immagini di debolezze umane, quelle più dissennate e più ossessionate perché ideologicamente impure quanto insane, forse più inutili. Sì, perché è l'ignoranza il veleno che consuma le interiorità sociali, e si manifesta massificando l'intelletto e i movimenti quotidiani di ognuno di noi.

Avere paura è fragilità, in quanto ci si abbandona alle sfiducie. Avere un orizzonte chiaro – perché no, lontano – significa invece costruire, lasciare un solco contro la barbarie del tempo. L'allenamento costante di Paola apre le porte della coscienza (è utile oggi che qualcuno riesca a suggerirci all'orecchio), viaggia e desidera, non si mura in casa, si ascolta nella solitudine e si relaziona – ma non si uniforma – con i pensieri degli uomini.

Paola ha scritto aprendosi alla commozione dell'ascoltare. Ascoltare è ascoltarsi. È dal suo silenzio intimorito che emerge il suono, e il suono è possibilità nuova di contatto, di rapporti, di comunicazione. Ma soltanto questo suono, viscerale e drammaticamente silenzioso, è carico di verità. E la verità è utile per chi vive. Serve a schiarire la via dell'esistenza, a ritrovare dignità e a riprendere con fierezza il cammino, questa volta senza timori o angosce.

Raccontarsi nel cambiamento significa aver ascoltato se stessi e lo straniero che si è per se stessi; ci si anima di memorie e attese, s'inaugura un tempo diverso, nella calligrafia del dono di ogni cosa, anche dell'incertezza e del trovare il proprio «stare nel mondo», lasciandosi prendere dalle sensazioni latenti, dai desideri più erotici, avvicinandosi a quella soglia enigmatica dove la verità si confonde con l'annullamento del proprio sé, innocente e fanciullesco, nell'amore totale della vita.

Mi piace identificare questi continui sussurri all'orecchio come il profumo dell'Angelo Custode.

Grazie, Paola.

Scoperta e prime riflessioni

SONO in Perù.

Non è la fine del mondo, però... Io, che ho qualche problema di memoria, questo me lo ricordo perfettamente. Sì, ricordo che sono in fila alla biglietteria di Machu Picchu e sento l'inconfondibile suono del messaggino in arrivo. A scriverlo è il mio ginecologo. Leggo: «Paola, sono arrivati i risultati delle analisi che hai fatto. Ti confermo: sei entrata in menopausa».

Ora, Machu Picchu è una fortezza inca costruita intorno al XV secolo, un posto pazzesco, bellissimo ed enigmatico... Ma da allora, ogni volta che vedo passare in tivù un documentario su Machu Picchu penso a una cosa soltanto: il mio ingresso in menopausa. Peraltro, precipitoso.

Eh già, perché io in menopausa ci sono entrata a quarantadue anni.

E dire che questa parola non volevo neanche usarla più di tanto, invece l'ho già scritta tre volte e siamo solo alla prima pagina. Comunque, se «quella», la menopausa, in qualche modo è una data di scadenza, per me è arrivata un po' presto, no?

La mattina in cui ho cominciato a scrivere questo libro ho preso un paio di biscotti, ho aperto il frigo e... c'era la bottiglia con tre dita di latte. L'ho aperta, ho bevuto e soltanto dopo ho letto la scadenza. Era scaduto il giorno prima. Mi è sembrata una metafora perfetta, per due motivi:

1. Il latte era ancora buono (e io a quarantadue anni ero buona come una bottiglia di latte fresco di frigo).
2. Quella scadenza non mi ucciderà.

Dunque, torniamo a quando è successo. Allora, a quarantadue anni ero una bella donna (anche se me ne sono accorta dopo). E, magari, fra qualche anno mi accorgerò di esserlo ancora.

Però una cosa la posso dire: i miei ormoni si sono sempre comportati bene e mi hanno dato grandi soddisfazioni. Da quel punto di vista, non ho mai avuto problemi o dolori o altri grattacapi.

Poi, nel Duemila... Che anno era? Facciamo i conti: avevo quarantadue anni, sono nata nel 1967, succede nel... Succede quando succede. Fatto sta che inizio ad avere un ciclo non più regolare, vado dal ginecologo per la visita annuale (ho sempre fatto controlli regolari), lui fa tutte le sue verifiche, vede l'endometrio che si assottiglia, mi prescrive le analisi. E mi dice: «Magari sei in premenopausa».

Come ormai sapete, il giorno in cui ero a Machu Picchu mi arriva il suo messaggio. Così, quando torno, mi spiega che questa menopausa anticipata – si chiama così – può essere la conseguenza di un forte stress. Ora, non ricordo bene (che novità, eh?) se è successo ancora nel 2007 o se eravamo già nel 2008, ma è mancata la mia migliore amica per un tumore ai polmoni. Un'esperienza dolorosissima. E poi il 2008 è stato un anno parecchio pesante di suo... Ne riparleremo. Magari più in là.

Ora voglio tornare al periodo di passaggio, alla transizione menopausale – così si dice –, che per me è stata assai breve. Quando stavamo cercando di capire che cosa mi stesse capitando, il medico mi ha proposto una terapia sostitutiva. Ho accettato. Mi ha prescritto degli ormoni e per un lungo periodo ho continuato ad avere il ciclo. Una sorta di ciclo, intendiamoci. E siamo andati avanti così per due anni, più o meno. Poi, sempre lo stesso dottore mi ha detto che era meglio alleggerire, perciò mi ha cambiato il farmaco e mi ha avvertita: «Paola, da qui in poi preparati, perché non avrai più nulla».

E così è stato. Passato un mese, non ho avuto più nulla.

Non ci giro intorno: è stato abbastanza traumatico. È una tappa inevitabile della vita di una donna, come lo è cambiare i denti da bambini. Questa tappa in particolare, però, ti mette di fronte a una cosa che tutte noi temiamo, perché ce la raccontano un po' malamente.

Se e quando ce la raccontano.

Quello, allora, diventa il momento dedicato a tutti i treni che abbiamo perso.

Uno dei temi è decisamente quello della gravidanza. Io non ho voluto figli, è stata una scelta ben precisa. Ma quando vieni a sapere che non potrai più averli, ebbene, anche questo è possibile che destabilizzi. Almeno inizialmente. Poi una ci riflette, razionalizza... Alla fine ho pensato: ma se non li volevo prima, che faccio, li voglio adesso solo perché non posso più averli?

Questo per dire che, semplicemente, ti ci devi abituare, te ne devi fare una ragione.

Comunque, questa situazione di... come chiamarla? di «suspense-surprise» è durata un po'. Che vuol dire? Mi spiego.

Lo so che parlo per me e in base alla mia esperienza, ma credo di non essere l'unica che per un tot di tempo ha provato un lieve disagio passando davanti agli scaffali degli assorbenti al supermercato, o che ha sentito come un vuoto quando si è resa conto che erano definitivamente spariti dal mobiletto del bagno. Ammettiamolo, fa un certo effetto.

Sembrano dettagli stupidi, ma alla fine vanno a colpire una nostra parte molto intima, proprio per la visione che si ha della donna e per la visione che la donna ha di sé: è come se perdessimo un pizzico di femminilità.

Che non è vero.

Non è vero!

Però, questa è l'idea generale. Non fai più parte del club, sei meno attraente, meno coinvolta nella vita delle donne. E poi sei meno desiderata, desiderabile... Ma è principalmente una roba che capita dentro la nostra testa. Allora, per certi versi, io sono stata pure fortunata, perché mi è successo tutto a quarantadue anni: non era tempo e non era proprio il caso di uscire da nessun club.

E questo anche se intanto cominci a sentire più o meno spesso un calore avvampante che non sai da dove arriva. Fortunatamente non ne ho mai sofferto più di tanto, ma ricordo persone con cui lavoravo che sentivano all'improvviso come una combustione interna ed esterna e di colpo diventavano fradice di sudore...

Una cosa è certa: per alcune il passaggio è faticoso.

Ecco, devo dire che invece da questo punto di vista mi è andata piuttosto bene. Come avrei fatto in pubblico? O a un evento? Oppure durante una registrazione o una diretta televisiva? Al di là dell'eventuale imbarazzo, come sarebbe stato possibile cambiarmi e rifare il trucco da zero?

Se vuoi risolvere problemi di questo tipo, molti ti dicono che la terapia ormonale sostitutiva è pericolosa, anche se sei sotto controllo medico, e pure fra gli specialisti le opinioni sono contrastanti.

In ogni caso, che sia aiutandosi con lo yoga o prendendo gli ormoni, io credo che esista la maniera di continuare a vivere, e di convivere con «quella», senza limitarsi a sopravvivere.

Ed è importante parlare, anzi è fondamentale: ne ho parlato con tutte le mie amiche, con il mio ginecologo, con mia madre, con le mie sorelle.

Oddio, non è che andassi proprio in giro a sbandierare: «Sono in menopausaaaaa!» E non me l'hanno neppure mai chiesto. Piuttosto, capitava che i giornalisti nelle interviste mi domandassero: «Ma tu vuoi dei figli?» E io: «Beh, sai, vedi, non è poi così facile».

Che poi ci sono giornalisti eccellenti, ma c'è anche qualche «Solone». Insomma, siccome quello che non viene raccontato bene magari non è recepito bene da chi ascolta o legge, è una cosa che mi sono mediaticamente tenuta per me. Finora.

Ma non ho mai avuto problemi. Il che a questo punto del capitolo mi pare sia chiaro, no?

Comunque, tutto questo ti fa capire la meraviglia del tuo corpo, e che quasi sempre gli ormoni contano più del cervello.

Le Bar: A proposito, il sesso dopo la menopausa?

Le Bar! Ti stavo aspettando, ma ti presenterò fra poco.

Il sesso non cambia. O forse un po' sì. Ma, più semplicemente, cambiano le cose – credo – con il passare del tempo. Cambiano l'energia e le esigenze: una di quarant'anni non lo fa come una di venti, lo fa meglio o lo fa peggio. Poi c'è chi è portata e chi no...

Io? Non so se sono portata, mi è sempre piaciuto e mi sono sempre divertita, anche ora mi diverto. La mia amica Eva Robin's un giorno mi ha detto una frase che ormai ho fatto un poco mia (scusa, Eva): «In attesa di quello giusto, mi diverto con quelli sbagliati».

Che poi sono sempre stata abbastanza fedele, peraltro: se sono innamorata non sento la necessità di andare tanto in giro. Ehi, non che sia stata fedele tutta la vita, ma laddove ho tradito, è successo perché poi, dopo un po' (di solito dopo molto poco), la relazione finiva. E quasi sempre poi cominciava con la persona con cui in qualche modo già stavo.

La storia di una notte? Mah, me la sono sempre un po' condita con altri ingredienti. Detto in un altro modo: per me ci deve essere un po' di sostanza.

Altre cose, tipo conoscenza via social? Mmm, no. Ho amici che veramente concludono tantissimo, sempre. Io sono abbastanza fuori da questo giro, non ne sono molto attratta. Mi piace il corteggiamento alla vecchia (non sto parlando di me, Le Bar) maniera. Ogni tanto qualcuno se ne esce: «Ora vado su Tinder». Quasi tutti quelli che usano l'app dicono che è per gioco, ma alla fine chiudono con delle gran belle... serate. A me, però, portare sconosciuti a casa non è mai piaciuto.

Oddio, ora sembro una bacchettona. Per capirci: mica la giudico una cosa sbagliata, ma se vedo uno che si «tatua la tartaruga», mette sui social una foto così per presentarsi, mi fa un po' pensare... Che poi lo ammetto, sono tamarra, a me la tartaruga piace, anche se con il passare degli anni diventa sempre più impegnativa, finché cominci ad abbassare le luci di tutte le stanze di casa. Ormai siamo all'anticamera. Del buio pesto.

Fra l'altro, è opinione comune che le donne mature siano attratte dagli uomini un po' più giovani. Per quanto mi riguarda, non è che non mi piacciano quelli più grandi di me, è che finora non mi sono capitati. O forse non mi sono impegnata a cercarli, ecco, è più giusto dire così. E sì, mi sono capitati spesso uomini sulla quarantina. Quando poi, andando avanti, sono stata corteggiata da qualcuno molto più grande di me, ho preferito fare un passo indietro.

Le Bar: Non dimenticare, però, che le persone più giovani richiedono un certo impegno, sotto tutti i punti di vista.

Esattamente. Da sogno a incubo è un attimo, specie se stai con qualcuno pieno di energia. Devi pensare che se una volta correvi i cento metri in quindici secondi, ora li corri in venti. E non è una cosa che va di pari passo con la menopausa, anche se quella porta ulteriori complicazioni. Ma neanche poi troppe.

Quando sento la frase: «I cinquanta sono i nuovi venti», mi si accappona la pelle. Non è vero! È vero, piuttosto, che i cinquanta non sono più quelli di una volta. Però, mentre i bambini stanno dieci ore di seguito in acqua al mare, a noi levaci la siesta…

Comunque, non vorrei mai riavere vent'anni e nemmeno trenta, diciamo che mi piacerebbe – forse – tornare fra i trentacinque e i quaranta. Per me quello è stato il periodo più bello: avevo la mia indipendenza, la maturità, ma anche tutta la vita davanti.

Dunque si scopre abbastanza presto, secondo me, che è il caso di smetterla di inseguire i miraggi della gioventù. Perché anche se fai una vita orrenda, allenandoti tutti i giorni e mangiando solo una foglia di insalata quando senti che stai per svenire, non avrai mai il fisico dei vent'anni. Ma soprattutto non avrai mai il sorriso, di qualsiasi età.

Le Bar: Intanto facciamo quello che possiamo, sicuramente un po' di sport. Ricordati che i muscoli hanno una memoria. Almeno quelli.

Piantala Le Bar, che nel prossimo capitolo ti presento.

Oggi, però, esistono anche un sacco di trattamenti «ringiovanenti». L'immagine della donna di una certa età, anzi di un'età certa, è cambiata: per quanto mia madre a cinquantacinque anni fosse bellissima, non credo che i miei cinquantacinque anni siano come i suoi.

Che poi, dicono, l'età è solo un numero. Li prenderei a testate.

Dobbiamo fare pace con questa cosa: l'età è un numero importantissimo che porta più limiti. Basta guardare i controlli medici che faccio oggi, rispetto a quelli di trent'anni fa.

Per la cronaca, recentemente ho fatto un po' di esami e ho scoperto di avere un apparato respiratorio in perfetta forma, ma anche un problema congenito alla schiena abbastanza importante. Da allora faccio una ginnastica speciale, che mi ha costruito un «corsetto» interno di muscolatura. E mi obbliga anche a muovermi, perché di base sono pigra.

Diciamolo: a mano a mano che vai avanti con gli anni cominci a pensare alla fragilità ossea, ai problemi alla vista, al fatto che una mattina sei una bomba e quella dopo uno straccio... Sai di avere limiti che prima non avevi, ma ti senti anche forte dentro.

Io ho la gran fortuna di continuare a dormire bene e tanto, ma una volta arrivavo anche a quindici ore. Però, anche qui, a trent'anni dopo un lungo sonno ti svegli e magari sei un po' stropicciata, ma sei bella. A cinquant'anni ti svegli, sei stropicciata, ti guardi allo specchio e...

Le Bar: P, ma ti sei comprata un Picasso?

Basta Le Bar, adesso ti presento.

Le Bar Sociàl

La piccola insolente

La gente si sente vecchia. La cosa mi stupisce.

Vi faccio un esempio: una volta ho postato una foto di una statua con un succhiotto sul collo e, a scorrere, il mio collo con un succhiotto, commentando (ironicamente): «Vuoi dire che frequentiamo lo stesso tipo?!»

Bene. A parte i diecimila like, delle centinaia di risposte una cinquantina erano cattive, pesanti, inutili e offensive. Avete presente? Scritte – che tenerezza – soprattutto dalle donne: «Che caduta di stile», «Alla tua età», «Che vergogna», e qui e là, e su e giù. Ma perché?

Le Bar: Pensa che movimento quasi religioso intorno a un succhiotto. Quelle che il collo che neanche Maria Vergine Immacolata.

Ma ti pare che cominciamo il secondo capitolo con due righe che vanno a rompere le scatole proprio a quelle persone lì? Altre buonissime idee, Le Bar?

Chi è Le Bar? È ora che ve la presenti, in effetti.

Intanto, è abbastanza scontato che sia una sorta di alter ego: «Le Bar 😐 Barale», francese come Lino Banfi, Le Bar.

Mi chiama P e ha la simpatia della barricadera da osteria, anche se certe volte assume quel modo di fare snob di chi proprio non se lo potrebbe permettere.

Per intenderci... siete mai andati in un parco di centro città, uno di quelli dove si portano i cani a spasso? Ecco, lì ci sono due precise categorie di cani: quelli bellissimi, tipo dei Golden Retriever che sembra si siano appena asciugati il pelo col phon della Dyson, e quelli meticci, ma non meticci carini, più tipo dei minicinghiali che dei cagnolini. Quelli che dici: «Che cane è?» «È un tipo.»

Le Bar: E anche il fronte degli animalisti è bello che coperto, vedo.

Vabbè, era per dire che i meticci brutti a volte se la tirano molto di più dei cani di super razza.

Le Bar: I burini arricchiti adottati dai radical chic? Devo dire che vai forte con i complimenti.

Sì, ma è merito tuo, sei il mio contraltare perfetto. Dai, che il solo ascoltarti mi apre il cuore.

Le Bar: Ma non stavamo parlando della tenerezza dei social?

Eh, già. Torniamo al post, o meglio alle reazioni «allergiche» che ha ricevuto. Tanta severità mi ha fatto pensare a come sia piuttosto diffusa questa predisposizione a sentirsi vecchi e a subirc c accettare, convinti che da una certa età in poi alcune cose non siano più permesse. Ma chi l'ha detto?

A parte il fatto che c'è gente che vede il succhiotto come una cosa scandalosa. Ma scherziamo? Siete fuori di testa.

Le Bar: Vai, sorella, ora voliamo.

Ok, mi calmo. Comunque, ho la sensazione che per alcuni pensare di fare sesso senza essere fidanzati alla mia età – ora ne ho cinquantasei (oddio, cinquantasei!) – sia una cosa peccaminosa.

Non lo sapevo #manonsonodaccordoperniente.

Le Bar: Ma guarda che anche se sei fidanzata, alla tua età, magari di sesso è meglio che non parli.

Perché? Certo, quando hai gli ormoni a mille, chi ti ferma? Però ho pure delle amiche giovani che non sono, diciamo così, molto predisposte... Ed è vero che col passare degli anni esigenze e desideri cambiano. Ma dobbiamo essere come vogliamo essere e non come ci vuole il preconcetto. Non è mica detto che con la menopausa ti viene meno voglia di fare sesso. Può esserci un calo della libido, ma non capita a tutte, e se capita è un calo, non è la fine del mondo. Cala anche la vista, no? E allora ti metti gli occhiali. Insomma, se ci sono dei limiti, non sono insormontabili.

Ti faccio un esempio: quando hai vent'anni, vai in vacanza e conosci uno... Vabbè, facciamo che sei in vacanza al mare con il tuo fidanzato e...

Le Bar: Questo è borghese.

Mollami! Dicevo, sei in vacanza al mare con il tuo fidanzato e ti viene voglia di fare l'amore, vai dietro un cespuglio e lo fai. A cinquant'anni, insomma, devi armarti magari di qualcosa, un paio di occhiali sensuali.

Le Bar: Di questa definizione, occhiali sensuali, non ti chiederanno il copyright, tranquilla.

Mettiamola così, allora: non è che a cinquant'anni se ti cala la vista non hai più voglia di guardare. E se passi dalla foresta pluviale alla savana, non è che la savana sia brutta, anzi è bellissima, però il sole picchia e devi metterti la crema protettiva (senza chiamare in causa quell'altra crema là, Le Bar. Insomma, finiamola subito con le allusioni).

Quando sono andata in libreria alla ricerca di qualche ispirazione, il tema era sempre quello: «Vivere la menopausa con serenità». Tanti manuali dalle copertine smunte, verdine, gialline, rosine (le più bruttine). Massì, tutte rassegnate, dai. E tutte a suonare il violino mentre il *Titanic* affonda.

È un po' deprimente, suvvia. Ho persino trovato un libro che parlava dei cinque gradi del lutto della menopausa. Sì, nella lista con il divorzio e il trasloco.Che poi io un trasloco l'ho pure fatto di recente e mi sono così alleggerita, ma così alleggerita. Nessun lutto, davvero, anzi. Nuovo paesaggio, nuovo orizzonte, nuovi scenari.

Comunque, ogni tanto ripenso a quei cinquanta commenti. Ammettiamolo, questa cosa un po' ti opprime, ti sovrasta, ti leva la fantasia: ma perché se fai sesso devi nasconderlo? D'accordo, magari hai dei ritmi diversi, a ben vedere corri anche meno veloce, però, come dire... hai anche acquisito delle tecniche per cui magari corri più a lungo.

Le Bar: Sembri quasi malinconica. Ma che, ti sei fidanzata con quello del succhiotto?

No, no. A parte che se una si fidanza ci sta pure che sia felice, mica per forza malinconica, no? Boh.

In ogni caso, il succhiotto me l'ha fatto un caro amico, un best friend. Forever non si sa, è una parola un po' claustrofobica, vediamo come va.

Fatto sta che in generale la gente vede il sesso come una cosa sporca, ancora adesso.

Le Bar: Magari è perché qualche volta si suda.

Dai che hai capito benissimo. Guarda che il sesso, in sé e per sé, è carico di molteplici significati, serve sempre a qualcosa ed è proprio uno scambio di energia. Non che voglia fare la guru della situazione, per carità. Ma quando ti fai una buona e sana sc***ta (sono giusti gli asterischi? Sì?), banalmente – e non è poi così banale –, ti senti da Dio. Come dopo una bella corsa, una bella seduta di yoga o di Pilates, o dopo aver portato a termine un bel lavoro. Ah, come ti senti soddisfatta. «Che bella faccia che tieni», dopo.

A me il sesso mette proprio di buonumore. Anche se lo faccio con un amico molto, molto, molto caro e non con un fidanzato o un marito, c'è sempre una forma di affetto e di sentimento.

Le Bar: Sì, ma non è che torni a casa e quando mamma porta i tortellini fumanti a tavola, dici: «Che soddisfazione! Sono stata a letto con X ed è stato pazzesco!» Dici, che ne so: «Che soddisfazione! Ho vinto a tennis con Y, abbiamo fatto un tie break da urlo...»

Hai finito?

Le Bar: No. Che poi, sentimento, sentimento, sentimento... Non mi dire che non sei mai stata con qualcuno solo per starci. Come dice la generazione Z: una botta e via.

No, no, no. Cioè, no. Cioè, sì. Cioè, diciamo che non è la mia attività preferita. Una su tutte? Mentre lavoravo all'estero ho conosciuto una persona con cui sono stata a stretto contatto per un certo periodo, ma in quel momento non potevamo relazionarci. Alla fine, quando mi sono liberata da quella situazione, ci siamo relazionati. 😊

Le Bar: La chiarezza proprio.

Allora ti spiego meglio: finito quel lavoro, il giorno seguente sarei dovuta ripartire. Era poco prima di cena, ero nella mia stanza d'albergo, lo stesso dove alloggiava anche lui. Mi ha chiamata e mi ha detto: «*Hi Paola... Can I come to say goodbye?*»

Gli ho risposto: «*Yes, of course, my room is 308*».

Mi ha chiamata sapendo che per noi non c'era un domani. E lo sapevo pure io. Ci siamo rifatti di tutto il tempo perso. Per un mese c'era stata una vera attrazione, trattenuta, dato che per motivi di lavoro anche se ci incontravamo spesso potevamo a malapena parlarci.

Devo dire che è stato bello, c'era questo desiderio che si era edificato nel corso del tempo, tutti e due volevamo salutarci. E ci siamo salutati benissimo.

Questa credo che sia stata veramente l'unica volta con una persona che sapevo non avrei mai più visto.

E comunque lasciamo stare gli amarcord con le storie di una notte...

Le Bar: Che poi tu, l'hai appena raccontato, ne hai avuta una. Vantiamoci pure.

Vabbè, andiamo avanti. Anche i cinquanta sono una stagione, direi, energetica, piena, vitale. Il modo di vivere, di mangiare, di fare sport, di avere cura di sé è cambiato in maniera radicale; è una questione di mentalità e di cultura, direi. Però rimangono degli «elementi» che chiamerei disturbanti, che non sono moltissimi, ma fanno rumore e si sentono. Ti scrivono cose terribili senza rendersi conto.

Che poi la vita è fatta così, non hai mai la stessa età, le stesse esigenze, gli stessi desideri, le stesse pulsioni, ma non vuol dire che... hai sempre dei limiti, anche quando hai vent'anni, no?

Non vedo perché non confrontarci su questo tema. Per quanto mi riguarda, alla fine credo che se fai pace col fatto che non diventi vecchio perché ti hanno detto che a cinquant'anni sei vecchio, le cose vanno molto meglio. In ogni caso, questo non dovrebbe essere un problema. L'alternativa al tempo che passa mi pare sia assai peggiore.

Le Bar: Lasciando stare i leoni da tastiera, lo sguardo degli altri cambia. Quando hai vent'anni ti scrutano in una maniera, quando ne hai cinquanta in un'altra. Sono certa che è successo a Maria Rossi come a Sharon Stone, anche se non esattamente nello stesso modo.

Certo che lo sguardo è diverso.

Le Bar: Del resto in questo momento hai in testa un paio di orecchie.

E che male c'è, Le Bar, mi conosci, lo sai che capita. Faccio del male? Ferisco qualcuno? Vedi, mi metto le orecchie come i bambini, magari non ci vado in giro, ma anche quando esco io mi maschero, mi vesto molto colorata.

Le Bar: Sì, ma questo che c'entra?

Dammi tempo e spazio e il caos troverà l'ordine. Ti racconto una cosa. Quando ho compiuto cinquant'anni, tutti a dirmi: «Dai, Paola, fai una festa, devi fare una festa». Mai amato più di tanto le feste di compleanno, in particolare le mie, figurati quella del mezzo secolo. Peraltro, proprio in quel periodo in Sud Africa c'era un festival, l'*AfrikaBurn*, che – combinazione – si svolge dal 25 aprile al 2 maggio. E il mio compleanno, guarda un po', è il 28 aprile. Giusto nel mezzo. Perciò, invece di stare a casa a spegnere cinquanta candeline, sono volata laggiù.

Due amici stilisti mi hanno disegnato un vestito a forma di torta e così alla fine ho festeggiato il mio compleanno là, nel deserto. E mi sono parecchio divertita. Sapevo che avevo cinquant'anni, ma quel giorno erano leggerissimi. Se avessi fatto una festa magari sarebbe stato più pesante, quasi quanto tutte quelle candeline accese su una torta ormai esausta. Non che debbano tutti scappare in Africa, ci mancherebbe, però bisogna anche un po' provare a uscire dai binari, lasciar perdere quello che gli altri si aspettano da te.

Lo so, lo so, lo so, tante persone non mi capiscono. C'è chi viene sui social e mi dice: «Ma come ti vesti?»

La prima risposta che mi verrebbe da dare è: «Ma perché mi guardi? Non hai capito come sono?» Perché sono anche quella con l'abito a forma di torta in un luogo che per qualche giorno si trasforma in un circo meraviglioso, dove ognuno si veste o si traveste come vuole.

Per questo mi sono messa le orecchie, perché volevo fare un po' come volevo io. E se uno mi scrive: «Che cosa ti metti addosso, alla tua età?» vuol dire che probabilmente io e lui non potremo mai andare d'accordo. Chi mi offende lo blocco. Non è censura, è non avere più voglia di perdere tempo.

A proposito, quello che mi dispiace, mi fa male e trovo che sia terribile non è tanto la censura, ma l'autocensura. Io non metto foto per un like in più, le metto perché sono divertenti. Non lo faccio perché voglio sembrare diversa, né per farlo strano. Se mi sono messa le orecchie non è per fare un video da postare nelle stories di Instagram: è che avevo le orecchie in testa. Sarebbe stato strano, piuttosto, toglierle per fare il video. Non credi?

A fronte di tutti questi preconcetti, di questi paletti,

alla fine uno non è libero e non è felice, e allora prova rancore e scrive con il dito intinto nel veleno. La gente è arrabbiata perché è rassegnata, ed è questo che non va per niente bene. I pregiudizi sono il riflesso di un retaggio culturale, ma le cose cambiano, sennò potevamo restarcene come ai tempi in cui il capo era quello che sollevava la pietra più pesante. Non è più così.

A cinquanta o a sessant'anni una coppia che fa sesso suona strano? Se hai la menopausa fare sesso suona strano? Ma non suonano, piuttosto, inaccettabili queste idee?

Le Bar: Facile per te, tu sei «bella, ricca e pazziarella». Sei Paola Barale, e io che sono Maria Rossi cosa faccio, mi metto le orecchie in testa pure io e cerco qualcuno che mi lasci un segno sul collo?

Ma lo dico sempre: se non avessi fatto questo mestiere molto probabilmente sarei diversa, anche nelle mie scelte. Mi sono aperta uscendo dal guscio di una piccola città che in qualche modo mi chiudeva in certi preconcetti. Me ne sono andata perché mi sentivo stretta, penso che se fossi rimasta lì oggi sarei stata diversa anche fisicamente, sicuramente sarei più grassa.

Le Bar: Questo fa ridere, ma è vero.

Già. Perché mangio tantissimo, però facendo il mio mestiere ho conosciuto dei bravissimi personal trainer,

25

nutrizionisti, stilisti e parrucchieri, ho avuto questa possibilità, altrimenti avrei avuto un'immagine differente. Ho imparato che il look mi serve per lavorare e quindi mi sono impegnata. Da questo punto di vista, più si è personali, più si è universali.

Se rimani dove sei, rimani dove sei: questo vale per me come per chiunque altro. Per fare carriera, e non solo, bisogna togliersi dalle zone di conforto e darsi la possibilità di lasciarsi contaminare da cose che sono diverse da noi, e per questo mica devi essere per forza un personaggio pubblico.

Se resti dentro il tuo orto alla fine non sposti nemmeno mezza zolla e, soprattutto, non sposti il confine. Se invece provi a uscire, ti prendi dei rischi – di essere a disagio, di essere ferito, di metterti in pericolo, persino – ma ti dai comunque una possibilità, quella di diventare qualcosa di nuovo.

Le Bar: Qualcosa di nuovo, dici? Fammi un esempio.

Eccolo: dai sedici ai quarantotto anni ho sempre avuto un fidanzato. I miei genitori stanno insieme da una vita, così ho sempre creduto in quel genere di amore. Fino ai quarantotto, dunque, ho avuto poche storie e tutte importanti. E l'idea di essere una donna, anche «grande», da sola, mi spaventava. Invece, ho scoperto che mi sta benissimo e si sta benissimo a essere da sola.

Poi certo, io sono un'inguaribile romantica-co***ona

(contiamo sempre gli asterischi, eh) e continua a piacermi l'idea di avere magari un compagno, ma mi sono anche cadute le fette di salame dagli occhi. Insomma, con un certo ritardo, ho smesso di credere a Babbo Natale.

So che fuori c'è un mondo caleidoscopico, pieno di colori e di emozioni e di tentazioni. E con la vita che ho fatto e le occasioni che ho avuto, oggi non rinuncerei mai a tutto per un uomo.

Se non va, se la tua storia non funziona, coraggio, puoi anche fare a meno di un compagno. E pure di un figlio, perché una donna non si deve sentire realizzata solo ed esclusivamente attraverso la famiglia.

Le Bar: Attenta, che di solito quando arriva la menopausa e non hai figli è una tragedia.

Ma chi te l'ha detto? Tanti anni fa sono rimasta incinta, però abbiamo deciso di non tenerlo. E ricordo che tutti, compreso il mio ginecologo, mi dicevano: «Guarda che poi ti pentirai, quando non potrai più avere figli».

Ma secondo te posso avere un figlio perché poi potrei pentirmi di non averlo avuto?

In quel momento, semplicemente, non ero pronta, il mio compagno non era pronto, non sarebbe stato anche quello, allora, un atto violento? Naturalmente parliamo di una scelta che più personale di così non potrebbe essere, ma per me era e resta giusta. La storia d'amore è andata a finire male: se avessi tenuto il bambino, probabilmente il nostro rapporto sarebbe finito dopo due mesi. Quella persona non mi dava garanzie, e di essere una mamma single, lo so, non me la sono sentita. C'è chi sceglie di farlo, e ha tutto il mio rispetto, ma io no.

Immagino che risulterò impopolare nello scrivere quello che sto scrivendo – e come lo sto scrivendo –, ma ogni donna ha il diritto di portare avanti o meno una gravidanza, ed esistono situazioni in cui non puoi costringere te stessa e l'altro a prendersi questa responsabilità.

Certe volte mettere al mondo un figlio è un atto di irresponsabilità che avrà conseguenze per tutta la vita. E non ci si deve sentire in difetto o sbagliate perché si fanno delle scelte piuttosto che altre.

Le Bar: Ah, come sei ancora ingenua, mia piccola P. Ma non lo sai che sei una donna? E se sei donna è certo che, prima o poi, in qualche modo ti faranno sentire sbagliata. Decidi di non avere figli? Sei sbagliata! Decidi di averne con il parto cesareo? Sei sbagliata! E se ti fai fare l'epidurale? Sei sbagliata lo stesso! Allora partorisci con dolore. Ma non allatti. Sbagliata, sbagliatissima! Se lasci che ti convincano, certi traumi te li porterai dietro per anni.

E pensa che io ho sempre creduto che il momento della nascita sia il più bello del mondo.

Le Bar: Lo è, ed è il suo esatto contrario.

Che poi a me i bambini piacciono tanto. Ti portano in un mondo sempre diverso, ti donano la capacità di tornare a stupirti, di avere occhi nuovi, di provare quell'entusiasmo e quella meraviglia che nel tempo a poco a poco si vanno a erodere. Ma siccome non ho bambini che scorrazzano per casa, mi metto le orecchie sulla testa. E se penso che è brutto il tempo che passa, che è brutta la menopausa, sai chi mi viene in mente? Fiorello.

Le Bar: Fiorello? Con la vecchiaia e la menopausa? Ne sarà felice.

L'ultima volta che l'ho visto a teatro mi raccontava che ti accorgi di diventare vecchio quando mentre cammini metti le mani, automaticamente, dietro la schiena. E che la stragrande maggioranza delle persone di una certa età si piazzano sul balcone o alla finestra, si adattano, si rassegnano, non fanno più nulla, se non trascorrere il tempo a guardare la gente che passa. Niente di più vero.

Ma non bisogna rassegnarsi, non bisogna perdere l'entusiasmo, meglio prendere tutto con questa concreta leggerezza, e mai troppo sul serio.

Le Bar: Fiorello dice anche che «da sex symbol a ex symbol è un attimo. Se non stai attento, ti giri e ti accorgi che si sono girati tutti quanti da un'altra parte».

Certo, se tu sei rassegnata, gli altri ti vedono rassegnata. E tornare da ex a sex symbol è molto, molto difficile. Guarda cosa succede in rete: ci sono delle cinquantenni bellissime – e sono tante – che vengono attaccate in maniera direi rabbiosa da chi scrive: «Siete tutte rifatte!» E chi se ne frega. Del resto, la chirurgia non è mica appannaggio esclusivo delle persone più mature. E poi, perché una donna non deve avere la possibilità di vedersi più fresca?

Io rivendico la mia età, non voglio che mi si dica che dimostro trentacinque anni.

Le Bar: Ti piacerebbe?

Non è la mia tazza di tè, ho i miei splendidi cinquant'anni, o giù di lì. E un succhiotto da urlo!

Il piacere dell'equilibrio[*]

* Camilla D'Antonio, farmacista e formatrice.

ATTRAVERSO Milano con il vento fresco che mi accarezza le guance, chissà se farà male, magari mi viene un accidente... Il cappello rosa calato quasi sugli occhi, gli occhiali scuri, il mio monopattino segna una linea precisa, è capace di andare da un punto all'altro della Terra senza distrarsi.

Mentre procedo spedita discuto fra me e me, anzi discuto con Le Bar. Quella che ogni tanto rompe. Oddio, un po' più di ogni tanto. Però mi servono queste chiacchierate con lei, ormai lo sapete. Stamattina è bella sul pezzo.

Le Bar: Comunque, se vogliamo vedere la menopausa come una malattia, va bene, facciamo pure così. Però curiamola. Se ci viene il raffreddore prendiamo l'Aspirina, se abbiamo mal di stomaco prendiamo il Maalox, se andiamo in menopausa – e quello succede a tutte, lo so – ci rassegniamo. Scusa, ma perché?

Queste parole continuano a frullarmi nella testa così vorticosamente che rimango qualche secondo imbambolata davanti al citofono del nuovo studio di Camilla. A dire la verità non so se è tanto nuovo, ma è la prima volta che la vengo a trovare qui. Camilla, l'amica che mi ha «salvato la pelle».

Non fa in tempo ad aprirmi la porta che sono già dentro con il mio monopattino da graffitara. Mi ritrovo in uno spazio immacolato, con le pareti di vetro e i pavimenti di resina. Pare un'astronave. E io sembro appena uscita dalla taverna di Mos Eisley in *Guerre stellari*.

Il tempo di darle un bacio sulla guancia e attacco: «Io non vedo la menopausa come una malattia, perché se la vedessi come tale mi sentirei malata. E io non voglio sentirmi malata quando non lo sono».

Naturalmente Le Bar ha battuto in ritirata, quindi Camilla, che giustamente mi guarda stupita, è all'oscuro della nostra articolata conversazione. Fortuna che mi conosce da un po'. Perciò mi scorta nel suo ufficio, mi offre un bel caffè, si siede dietro una scrivania bianca come il pack del Polo Nord e fa un gran respiro.

CAMILLA: Paola, lo sai, il mio lavoro principale e i miei studi sono legati al processo di invecchiamento, per me vale il detto «vivi a lungo e in buona salute».

Sì, però non vorrei che, più che la vita, si fosse allungata la vecchiaia, che con la menopausa sembra prendere una strada senza ritorno.

CAMILLA: Cominciamo allora a dire una cosa: nell'arco di una vita una donna affronta una miriade di cambiamenti, da quando diventa «signorina» (che è un modo di dire tanto carino per una rivoluzione dalla quale a volte impieghiamo anni a ripigliarci. A volte no, eh) a quando il percorso di fertilità si conclude. Durante la vita fertile, ogni mese al quattordicesimo giorno ha un picco di progesterone: questo per dire che durante i ventotto giorni che passano tra un ciclo mestruale e l'altro la donna subisce tutta una serie di mutamenti. C'è chi se ne accorge di più – magari ti vengono i brufoli, oppure sei più su o più giù di morale – e chi di meno. È una questione di fluttuazioni ormonali e di adattamento del corpo.

Fluttuazioni ormonali e adattamento del corpo... Penso e ripenso alla breve strada che ho fatto per venire qui in monopattino, alle curve, alla discesa dal cavalcavia, al semaforo, al tipo che mi ha «benedetta»... Ci ho messo un po' a prendere dimestichezza con il mezzo, ma ora fila tutto liscio come l'olio. Però magari fra un po' l'olio comincerà a mancare.

Il colore dei graffiti sbiadirà.

Le luci andranno per forza sostituite.

Mentre Camilla parla con quella chiarezza scientifica che il suo lungo percorso di studi le ha regalato, tutto mi sembra una metafora che mi riporta al corpo.

Quando i graffiti si rovineranno, che cosa farò? Me li terrò, come come i segni del tempo a cui sono affezionata, o andrò dall'artista di turno a farli sistemare, magari meglio di prima?

Quasi ascoltasse i miei pensieri, Camilla riprende il discorso, porgendomi un bicchiere d'acqua.

CAMILLA: Vedi, Paola, andando incontro alla menopausa alcuni organismi perdono gli ormoni in maniera lenta e costante, quindi riescono a adattarsi. Non avendo un cambiamento ormonale repentino, affrontano la menopausa in maniera rilassata, perché il corpo ha avuto il tempo di abituarsi. Ci sono, invece, altre persone per le quali la caduta è improvvisa.

Ciò che accade è soggettivo, è una questione di DNA condito con un po' epigenetica, che è la scienza che studia il nostro stile di vita – quello che mangiamo, come respiriamo, quanto dormiamo, l'attività fisica che facciamo – e il modo in cui incide sulla nostra salute. A meno che non si parli di situazioni particolari, per esempio una menopausa indotta a causa di un tumore: in questi casi i problemi sono inevitabili.

Le Bar: Sì, in effetti conosco una persona che ha dovuto subire una menopausa indotta ed è andata fuori di testa. Non era preparata né informata, nessuno le aveva detto nulla. Poi, col tempo, tutto è tornato a posto, ma a saperlo sarebbe stato un altro viaggio.

CAMILLA: Eh, già. Tornando però alla normalità delle situazioni, la prima cosa da un punto di vista scientifico è fare questa distinzione: c'è chi ha sintomi importanti e chi no. Uno dei grandi errori che tendono a fare le donne è che se non hanno grossi problemi, come le vampate, sono portate a ignorare quelli «minori», come la secchezza vaginale, con una specie di accettazione mista a rassegnazione.

Insomma, c'è un tipo di persona che preferisce stare un po' malino, piuttosto che attuare un cambiamento.

Le Bar: C'è anche un contesto sociale che è opprimente.

Toh, la sindacalista s'è proprio risvegliata.
Camilla non perde la pazienza. Mai.

CAMILLA: Sì, ma come ti accorgi se una donna è in menopausa? Per esempio, l'invecchiamento estetico dipende dal fatto che – sintomi o meno e a prescindere dall'età – dalla menopausa in poi la donna perde collagene in maniera repentina, soprattutto nei primi anni, addirittura fino al 50%. Chiaro?

Ca**o se è chiaro! Che bella notizia, grazie! Considerato che sono andata in menopausa anticipata...

CAMILLA: Ma il collagene è solo uno degli elementi fondamentali che cominciano a venire a mancare con la menopausa. Per compensare queste carenze

37

spesso il medico prescrive degli integratori, come gli antiossidanti per combattere i radicali liberi o la melatonina se si ha difficoltà a dormire (l'insonnia è uno dei problemi che possono sorgere in questa fase della vita). Si può anche prendere, sempre sotto controllo medico, la bugola, che ha delle caratteristiche antiandrogeniche e contrasta l'azione del testosterone.

No, aspetta un attimo, mi sfugge qualcosa: spiegami bene che succede al testosterone.

CAMILLA: Come sai, anche la donna ha il testosterone. Certo, ha più estrogeni che testosterone, e quando va in menopausa non è che il testosterone aumenti, ma diminuiscono gli estrogeni, quindi l'altro ormone prende il sopravvento. Uno degli effetti di questa situazione può essere l'aumento del grasso addominale, oppure la perdita dei capelli.

E la bugola serve a questo? Contrasta il fatto che il testosterone prenda il sopravvento?

CAMILLA: Sì. Anche il semplice tè verde fa benissimo, sai?

Allora da oggi in poi mai più senza. Ma gli integratori si possono prendere anche se si sta seguendo la terapia ormonale sostitutiva?

CAMILLA: Aspetta un attimo. Il mondo degli integratori è un mondo, appunto. Ed è anche una giungla, particolarmente negli Stati Uniti, dove le aziende che li vendono pullulano. Capita allora che quello che si acquista non contenga realmente la quantità di principio attivo dichiarata sull'etichetta, oppure che una certa sostanza non si disgreghi come dovrebbe e dunque non si renda disponibile per il tuo corpo.

In Italia la situazione è migliore perché i produttori sono di meno e più seri, però è ugualmente difficile orientarsi.

A prescindere da questo, finché parliamo di prodotti cosmetici, magari avranno un effetto blando o nullo sulle rughe, ma non fanno danni. Quando si tratta invece di un integratore, la situazione cambia: è qualcosa che integra, appunto, e se hai un deficit di vitamina D e integri in maniera sbagliata, continui ad avere quel deficit. Perciò bisogna capire se gli integratori servono e dosarli in sicurezza, altrimenti si può rischiare di assumerne troppi e di non riuscire nemmeno a metabolizzarli.

Le Bar: Una volta sono andata a un pranzo con una signora che aveva di fianco un piatto con ventotto, e dico ventotto, pasticche, le ho contate. Mancavano sale, pepe e olio evo...

C'è un problema, però: se vai dal ginecologo ti dà un integratore, se vai dall'endocrinologo te ne prescrive un altro, poi magari, che so, vai dallo psicologo e te ne dà un terzo. Alla fine ti ritrovi a casa con venti, anzi ventotto, integratori. Perché magari qualcuno lo aggiungi tu, su consiglio di un'amica, o vedi una pubblicità, o conosci una tipa in gran forma che te ne suggerisce un altro...

Poi, alcuni integratori possono interferire con l'assunzione di farmaci, perciò penso che abboffarsi di integratori non sia esattamente una buona idea, soprattutto senza la guida di un esperto.

E mi resta ancora la domanda se con la terapia ormonale sostitutiva sia il caso di prenderli oppure no.

CAMILLA: Da farmacista, e da donna, per me la TOS è utilissima però deve essere fatta su misura, tarata sulla singola persona, perché ognuna fa storia a sé. Inoltre, non tutte le donne possono seguirla.

Mi sta salendo l'ansia.

CAMILLA: Calma. Il punto è sempre l'equilibrio. Ricordo una donna, tempo fa – io nasco farmacista, lo sai –, di trentacinque anni alla quale era stata indotta la menopausa per via di un tumore, che è arrivata da me dicendo: «Non so perché i medici mi hanno salvata, io voglio morire». Peraltro, aveva già due figli, quindi il suo malessere non derivava dall'impossibilità di avere figli nel futuro. Però stava male veramente.

Sì, la menopausa può essere drammatica, perché la fluttuazione ormonale è una cosa molto, molto seria.

Mentre la ascolto comincio a capire che mi è andata piuttosto bene, in fin dei conti. E che per ogni donna questo periodo della vita è diverso, con mille sfumature possibili: si tratta anche di avere fortuna. Conosco persino qualcuna che, paradossalmente, sta meglio in menopausa, perché le fluttuazioni ormonali durante il ciclo la mandavano fuori di testa.

Mi rendo conto di trovarmi davanti a una platea sterminata. Un po' come se fossi Jennifer Lopez (ecco, una per cui il tempo passa senza passare) la notte del Super Bowl davanti a un pubblico tutto al femminile. Ragazze, signore, tutte diverse l'una dall'altra. Sto quasi per mettermi a cantare *Love Don't Cost a Thing*, con Le Bar pronta a fare da seconda voce, ma Camilla mi richiama sulla Terra. O, almeno, su quell'astronave che è il suo candido studio.

CAMILLA: Paola, pensaci, c'è una cosa che accomuna tutte: il non voler invecchiare, forse è il passare del tempo che ti provoca ansia. I vari sintomi che si presentano durante la menopausa possono essere contrastati in tanti modi, e in genere con il passare del tempo si riducono.

Questo è vero, almeno in base alla mia esperienza. Se riesci a gestire le cose in quel momento di passaggio – che poi magari basta fare Pilates, mangiare sano e bere una tisana ogni sera –, se trovi la maniera di tenere tutto assieme.

Le Bar: Proprio un linguaggio supertecnico, eh, complimenti.

Zitta, Le Bar. Poi la vita tornerà a posto e questo risultato te lo porterai dietro per il resto dei tuoi giorni.

Comunque hai ragione: sintomi o no, la paura più grande è quella di invecchiare, di vedere le rughe che arrivano e sentire l'energia che se ne va.

CAMILLA: Ci sono donne che sono felici di invecchiare. È come se si prendessero per mano e si accompagnassero verso una nuova stagione della vita.

La guardo esterrefatta e incredula: presentamene subito una!

Le Bar: Ma piantala! Tu che a ogni compleanno osservi un minuto di silenzio.

Accettare di invecchiare senza prendersela è una cosa seria. Però non è un problema legato solo alla menopausa, e non vale soltanto per le donne. Ma certo un po' intorno alla menopausa ci gira. Anche se ora i decenni si sono traslati, i trenta sono i venti di una volta, i quaranta sono i trenta e via dicendo...

Ho un amico di una certa età, anzi di un'età certa (ottantadue), Carlo, che una volta mi ha detto: «Hai cinquant'anni o giù di lì? Ma stai calmina, che non sei neanche sufficiente. Sei, direi, mediocre. A sessanta sarai sufficiente. A settanta appena buona. Buona a ottanta. Ottima a novanta. E quando arriverai a cento, verrò giù a darti la lode. Mi raccomando, arrivaci».

Forte lui, che va ancora in skate, ve lo giuro. Io invece ho vissuto male persino i sessant'anni di mia sorella: mi sono sentita vecchia io, perché se lei ne ha compiuti sessanta e ci separano quattro anni, allora anch'io mi sto avvicinando al numero magico...

Camilla, per favore, rielencami tutti i sintomi classici della menopausa, che mi fanno un po' da mantra, quasi quasi a questo punto della storia mi rilassano.

CAMILLA: Eccoli:

Vampate.
Grasso addominale.
Repentini cambi di umore.
Insonnia.
Secchezza vaginale.
Scarso o assente desiderio sessuale.

Questi sono i sintomi più comuni, ma ci sono donne che non ne hanno e, come dicevamo, magari il loro problema è non voler invecchiare.

A proposito, tu hai preso molto sole in vita tua?

Ah, le macchie sulla pelle.

CAMILLA: Già, perché esiste l'invecchiamento ormonale, quello cronologico e quello fotoindotto.

Quanti ca**o di tipi di invecchiamento esistono? Ringiovanimenti zero?

CAMILLA: Te li spiego meglio, dai. L'invecchiamento fotoindotto è dovuto al sole che hai preso e, nel caso, alle sigarette che hai fumato, e lo noti sulla pelle in generale. Quello cronologico, banalmente, riguarda il passare del tempo e lo vedi bene nell'interno di braccia e cosce...

Le Bar: Ce l'ho, l'interno braccia e coscia ce l'ho.

CAMILLA: All'invecchiamento ormonale si devono la secchezza vaginale e il calo della libido. Quello più evidente è il fotoindotto.

Le Bar: E me lo dici adesso? Negli anni Ottanta e Novanta andavamo tutti a fare la lampada. E io usavo una crema solare marrone che appena la mettevi diventavi nera come se fossi stata un mese alle Maldive.
Vabbè, ma ora che siamo in questo deserto (riferimento non casuale alla secchezza vaginale), ora che ci troviamo dentro questo scenario post atomico, ora che siamo come Ken il guerriero con le sette stelle – per

usare qualche metafora –, che facciamo? Insomma, che rimedi usiamo?

CAMILLA: Per contrastare l'invecchiamento esteriore ci sono trattamenti invasivi e non invasivi. Se stai pensando ai cosmetici, le varie creme, usate regolarmente, sono un ottimo coadiuvante per invecchiare meglio, ma naturalmente lavorano a livello dell'epidermide, non a livello del muscolo, del grasso o dell'osso. Perciò, sono fondamentali per la trama della pelle e per l'idratazione, oltre a essere efficaci contro il fotoinvecchiamento, ma non possono fare il lavoro di una dieta o del chirurgo.

Poi esistono tantissime sostanze nutraceutiche che aiutano, come le vitamine del gruppo B, fondamentali per la metabolizzazione degli ormoni, oppure la melatonina per l'insonnia, poi per contrastare il calo della libido...

Secondo me perdi di più la libido se hai un uomo che non ti fa sentire desiderata.

Le Bar: Le malch**vate.

Ma come parli?

Le Bar: Eddai, ma lo sai che ho la teoria delle malch**vate, che vale anche per gli uomini, ovviamente. Quelle sono sempre le più antipatiche, sono peggio *delle non ch**vate, sono più cattive e più tristi. E una malch**vata può anche essere giovane e bella.*

Grazie per questa delucidazione, per questo approfondimento tecnico-scientifico di cui sentivamo decisamente il bisogno. Stiamo innalzando il tono, vedo.
Torniamo alle persone intelligenti, suvvia.

CAMILLA: Senza andare lontano, si può intervenire con la TOS o con gli integratori, oppure farne buon uso insieme: anche qui, di solito la sinergia funziona molto bene. Tutto va misurato, soppesato, e trovare il giusto equilibrio è sempre la soluzione migliore.
In realtà, l'utilizzo della cosmesi e degli integratori è ormai diffusissimo. Parlando invece di TOS e di chirurgia, ottieni al massimo il 20% dei consensi.

Le Bar: Vabbè, se mi spalmo in faccia una crema «sbagliata» i danni sono davvero relativi, ma se l'operazione di chirurgia estetica va male posso anche rimanere sfigurata. C'è una sostanziale differenza fra un personaggio dei carri del Carnevale di Viareggio e Jennifer Lopez.

E questa potrebbe anche essere una conclusione a effetto, ma mi resta un'ultima domanda. Com'è finita con la giovane paziente con la menopausa indotta, che voleva morire?

CAMILLA: Assistevo l'endocrinologo che la seguiva, e lui le ha prescritto una serie di integratori e farmaci. Ma ci è voluto anche un forte sostegno psicologico per attraversare il ponte, per arrivare al punto in cui l'organismo si abitua.

Volenti o nolenti, navighiamo sempre insieme al nostro corpo, e dobbiamo pensare a noi stesse in maniera complessiva, secondo un approccio sistemico, comprendendo che gli ormoni, il cervello e l'anima dialogano costantemente, a volte discutono e in certi momenti non si capiscono. Però dobbiamo continuare a navigare, e cercare di farlo in acque tranquille.

La bellezza
senza giovinezza*

* Simona Cipollone (Momo), attrice e cantautrice.

«QUESTA bellezza senza giovinezza.»

La frase colpisce come uno schiaffo in faccia. Ma di quelli che, poi pensi, ci voleva proprio. Me l'ha mandata la mia amica Momo.

Le Bar: Ti ho mai detto che sei un portento in quanto a chiarezza?

Ma lasciati portare via, seguimi, Le Bar. E seguitemi anche voi, lettrici e lettori. Quella di questo capitolo è una storia teatrale, nel vero senso della parola, perché qui c'è un vero portento: la mia amica Momo, attrice, cantautrice, poetica e surreale il giusto. Quindi parecchio...

Un giorno mi chiama perché mi ha vista in tivù. Eh già, perché, anche se non lo diresti mai, ogni tanto Momo la guarda, con i suoi quattro gattoni e le sue bambine. E mi ritrova, fra uno spot e la ristrutturazione di un cottage *very USA* (di solito alla fine le case sono più brutte di prima, ma questo è solo un mio pensiero), in un programma a parlare di menopausa.

Avessi mai pronunciato quella parola (però, meno male che l'ho detta)! Quel brano dell'intervista è stato ripreso più o meno dappertutto. Se avessi fatto coming out (sono contraria alla necessità di fare coming out) secondo me avrebbe fatto meno scalpore.

Comunque, Momo mi chiama perché sta scrivendo sull'argomento, ma guarda un po'. Non è che questo tema comincia a farsi strada nella nostra testa, oltre che dentro il nostro corpo (e la nostra a volte fragile anima)?

MOMO: È quasi finito, ora te ne leggo un brano.

Mi ritrovo imprigionata nella coltre, come un baco da seta nel bozzolo, è caldo, umido direi, mi muovo a stento. Realizzo che sono nel mio letto. Mi assale un'angoscia piccolina, che parte dal centro del petto e divampa in tutto il corpo come fuoco impazzito. Smanio, sudo, mi divincolo, ma non riesco a muovermi [...]. Con un gesto plateale allontano le coperte dal corpo, mi tolgo maglietta e pantaloni e rimango in mutande, distesa, pancia all'aria a guardare il soffitto. E mi sovviene... l'Antartide!

Io in mutande, e il freddo di colpo a meno trenta.

Bellissimo, Momo!

MOMO: Non è la taranta, è la menopausa, la seconda fioritura, la bellezza senza giovinezza.

Aspetta che mi siedo perché mi gira la testa. Brava, davvero, ma come mai hai deciso di parlare di questa cosa di cui non parla nessuno, tranne noi due al telefono oggi?

MOMO: Perché mi sta cambiando tutto, proprio tutto. E allora ho deciso di scrivere la *Momopausa*, vorrei metterla in scena. Che tanto a un certo punto tutte andiamo in menopausa.

Ormai è diventato un altro mantra per me: ci tocca, certo, ma l'alternativa è peggiore.

MOMO, STORIA (MICA TROPPO) BREVE

MOMO: Nel 2019 il ciclo è scomparso e mi sono detta: Ecco, sono andata in menopausa. Poi, però, dopo un po' è tornato, alla grande. E dopo due mesi di nuovo via, ciao. Stavolta è stato un addio definitivo. Allora ho iniziato a piangere. Di colpo. E a ridere. Di colpo. E ho cominciato a ingrassare.

Tu? Sei sempre stata magrissima! Sei ingrassata?

Le Bar: Comunque, ammettiamolo tutte quante, che il giorno che comincia la... come hai detto, Momì?

«La seconda fioritura», ecco, pare stupenda detta così. Insomma, quando avviene, uno dei pensieri che più ci manda in ansia è quello di mettere su peso. Per questo la prima domanda che facciamo a chi ci dice che è entrata in menopausa è sempre: «Sei ingrassata?»

Anche quel magnifico rigoglio che di colpo si fa deserto dei Tartari, le emicranie ormonali che daresti le testate contro gli spigoli delle pareti, il crollo verticale della libido, persino le vampate... tutto si può prendere con filosofia, ma ingrassare senza ragione, quello no. Dunque, Momo, sei ingrassata?

MOMO: Ma di colpo. Nell'arco di tre mesi ho messo su dieci chili.

Le Bar: Ecco quello che tutte volevamo sentire. 😬 #legioiedellavita.

MOMO: Che poi non mangio molto, anzi poco come sempre, non è che abbia cambiato le mie abitudini. È proprio il mio corpo che è cambiato. A me questa cosa così improvvisa non ha fatto molto piacere, mi ha creato pure dei problemi. E poi le caldane, ma sempre, un continuo, delle botte di calore assurde... Ora, scrivendo, ho iniziato a fare un po' pace con la menopausa.

Ma hai sentito qualcuno?

MOMO: Domani ho una visita.

Dal 2019 non sei ancora andata da un dottore? Ma sei fuori? E come hai gestito la cosa finora?

Momo: Beh, mesi fa ho deciso di scrivere la *Momopausa*, mi è uscito così, di getto. È successo per via di una gatta, è grazie a lei se ho cominciato a scrivere, perché l'ho lanciata...

In che senso l'hai lanciata?

Momo: Proprio nel senso di lanciarla. Una notte ho avuto una vampata fortissima, mi sono scoperta di botto nel sonno e ho scaraventato in aria Nanà, che dorme sempre sulla mia spalla.

Le Bar: Vediamo di inimicarci anche gli animalisti.

Momo: Comunque, quando avevo il ciclo non ho mai avuto problemi, nessun dolore, mi è andata benissimo. Di contro, ora sto passando le pene dell'inferno.

Ormai ci è chiaro che alcune donne entrano in menopausa dolcemente, senza quasi accorgersene, mentre per altre – mi spiace dirtelo, Momo, perché mi sa che tu sei fra loro –, il passaggio è repentino e possono sorgere vari problemi.

Non si capisce fino in fondo da che cosa dipenda, da quali fattori. Per esempio, quelli famigliari non contano: conosco due sorelle, di cui una ha avuto davvero «la seconda fioritura», è diventata persino più bella, mentre per l'altra la menopausa è stata un calvario.

MOMO: Mah, alla fin fine non ho così tanti problemi... Sì, ne ho... ma sono sempre la stessa, sempre io. In certi momenti sento che la mia menopausa è proprio una questione fra me e me. E adesso, finalmente, la sto buttando sul ridere, ci sto giocando, la sto facendo mia con ironia, scrivendone. Perché ho scoperto di avere un lato comico, ed è proprio il momento di tirarlo fuori.

Forse questo passaggio mi sta cambiando, sta cambiando il mio mood artistico. Lascio spazio alla cifra comica: le canzoni del prossimo spettacolo saranno tutte comiche. Del resto, la comicità vera è empatizzare con un dolore, riuscire a fare una battuta significa superare un trauma. Anni fa ho scritto una canzone, presentata al Premio Tenco, *La spazzatura*, che secondo me è geniale, non è arroganza la mia. L'avevo scritta di getto dopo che si era chiusa una grande storia d'amore. Che era finita, appunto, nella spazzatura.

I versi topici?

MOMO: «*Vorrei buttarti nella spazzatura, / non prendertela a male. / Lo so, è una frase un poco dura / ma è la verità*».

Torniamo alle vampate, che secondo me pure quelle mica sono uguali per tutte.

Momo: A me prendono dalla base del collo. Magari sono a letto, bella tranquilla, sto guardando la tivù e di colpo avverto questa sensazione che parte di lì e sale alla testa, poi arriva il caldo. Ma caldo caldo, così caldo che inizio a sudare, proprio con le goccioline, sulla fronte e sul collo. Dura qualche minuto – nel frattempo lancio via le coperte (e se ci sono in mezzo, pure i gatti) – e poi improvvisamente mi sento gelare.

Ammettiamolo, è una sensazione tremenda.

Momo: A mia cugina piace tanto, dice che è la parte più bella della menopausa.

Le Bar: *Chiama tua cugina, faccela conoscere.*

Momo: È dal dentista. Comunque, lei mi dice che sente questo calore, poi un brivido che trova piacevole. E tu, Paola, come sei messa a vampate?

Mah, ne ho avute pochissime, una sensazione di accaldamento e poi quel freddo che piace tanto a tua cugina, a me un po' meno perché non riesci a scaldarti. Però direi che da questo punto di vista mi è andata bene.

Momo: A me non sta andando benissimo, invece. Mi hanno detto che dormendo con due cuscini la situazione può migliorare un poco. In effetti, pare che funzioni, almeno per me.

Ti viene la cervicale, però... Insomma, un compromesso dobbiamo pure trovarlo.

MOMO: Comunque, evviva le mestruazioni, mannaggia.

Perché tu sei stata fortunata e non le hai patite.

MOMO: Ma anche a te la vampata parte dal collo?

No, dal torace. Sento questo calore interno che non capisco da dove nasca... Fortunatamente non ho mai avuto rossori in viso, non ho mai sudato. Ma io seguo una terapia ormonale sostitutiva, probabilmente dipende anche da quello.

Però conosco donne che all'improvviso s'infradiciano da capo a piedi, come se avessero corso una maratona. Mi hanno spiegato che è tipo una carica di dinamite che esplode e tu non puoi farci niente, se non aspettare che la sensazione finisca e poi lavarti e cambiarti.

MOMO: La mia prima volta mi ricordo che stavo facendo lezione di teatro a delle signore, anche grandicelle, a Cava de' Tirreni, e ho iniziato a spogliarmi: di colpo era estate piena, non potevo tenere la giacca e la maglia. Poi altrettanto all'improvviso è diventato inverno, faceva freddo in quella sala. E tutte a dirmi: «Momì, non ti preoccupare, è la menopausa», tutte vicino a me a consigliarmi. Posso dire? È stato bellissimo, mi sentivo tipo una cucciolina.

Le Bar: #legioiedellavita.

Comincio a pensare che, oltre al tè verde, faccia molto bene avere qualcuna che è già passata da quell'esperienza con cui parlare, con cui confrontarsi, perché fra donne spesso si crea una speciale complicità e solidarietà che può essere di grande aiuto. C'è chi ha la fortuna di essere circondata da parenti o amiche che le sono vicine, e si sente sostenuta. Ma c'è anche chi si trova, o si mette, nelle condizioni di essere sola. In effetti, non capisco perché, ma anche nelle donne più intelligenti e brillanti che vedo e conosco, alberga una donnetta isterica chiusa in un tinello e pronta a farsi venire ogni sorta di paturnie.

Le Bar: Alla fine scopriremo che se siamo sottone, siamo sottone prima di tutto di noi stesse.

Però, aspetta… Sai che invece qualche tempo fa mi è capitata una cosa stupenda? Ero nel mio camerino alla fine di uno spettacolo teatrale, mi stavo struccando e ho sentito bussare alla porta in maniera insistente. Mi sono persino un po' scocciata, comunque ho aperto e di fronte a me c'era una bambina, avrà avuto otto o nove anni, con un libro: «Per te», mi ha detto. Era una copia del *Piccolo principe*, con una dedica: «A Paola

Barale, che alla fine ha trovato il suo principe azzurro.
È Paola Barale». Firmato: «La volpe Ludovica».

Penso che questo voglia dire che sì, noi possiamo essere le sottone di noi stesse, ma al contrario possiamo innamorarci, o tornare a innamorarci, di noi stesse. E spesso quando si presenta l'occasione? Ma nel corso di una crisi, no?

È chiaro?

Le Bar: Non ci crederai, ma questa volta, a suo modo, il tuo ragionamento fila.

Momo: Ma io, per certi versi, sono anche grata alla menopausa.

Vabbè, adesso non esageriamo.
E comunque, Momo, mettiti d'accordo...

Momo: Per esempio, ho smesso del tutto di bere. Diciamo che quella era una mia debolezza, chiamiamola così. Ma se bevo è un continuo di vampate, quindi sono mesi che non compro più niente di alcolico. Poi sicuramente questa restrizione qualche disappunto me lo procura, ma alla fine va bene così, sono contenta.

Le Bar: E che mi dici del sesso?

Ma farti un mazzetto di fatti tuoi?

MOMO: Io sono un essere un po' particolare, sono poco sessuale. In effetti, ho avuto amori per lo più spirituali, il sesso è sempre stato un optional, poteva esserci o non esserci. In questo periodo non ho nessuno, ma no, da quel punto di vista non è cambiato niente. Anche sul fronte emotivo, perché pure prima ero molto sensibile e avevo la lacrima facile.

Le Bar: Gli ormoni sono pazzeschi, fanno quasi paura. Pensa che una mia amica quando era incinta aveva delle crisi di pianto assurde, ma roba che ragliava come un asino. Le bastava guardare una pubblicità di surgelati per scoppiare in lacrime, con gli occhi fuori dalle orbite tipo Marty Feldman. Fra un singhiozzo e l'altro, si giustificava: «No, no, no, è la gravidanza, sono gli ormoni», però sembrava pronta per un TSO. Poi, dopo il parto, invece del baby blues, *si sentiva la più bella dell'universo, che Gisele Bündchen scansati proprio. Ma voi non siete un po' spaventate dagli ormoni?*

Vabbè, da queste parti e da questo punto di vista sembra tutto tranquillo. Dai, facciamo che dalla menopausa passiamo alla menopaura.

MOMO: Comunque mi mancano le mie «mestruazioni zero problemi». Magari funziona così: chi sta bene durante il periodo fertile poi soffre, e chi soffre quando ha il ciclo poi non ha problemi. È un pensiero mio, intendiamoci.

Mi sa che è solo tuo. Secondo me ogni donna è veramente un essere unico e irripetibile, e questa differenza ne è la dimostrazione.

Momo: A proposito, ma sai che molti mi dicono che mi trovano più carina con qualche chilo in più? Prima in effetti ero veramente secca, con il viso scavato. Tra l'altro, sono diventata più «vegetariana», mangio meno carne. E mi sono iscritta in piscina, ci vado quasi tutti i giorni, amo l'acqua. Nella pratica dei fatti, a questo punto del mio viaggio devo solo fare attenzione ai gatti.

In che senso?

Momo: Ti ricordi che ho fatto il lancio del giavellotto con Nanà? Mi è dispiaciuto, davvero. A me le vampate arrivano di notte, oppure dopo cena, quindi se sono a letto avverto: «Bambini, spostatevi». E i gatti, pure in pieno sonno, si svegliano e si lanciano tipo scoiattoli volanti. Ormai hanno capito.

A me è successo con il chihuahua che, peraltro, pesava molto meno di un gatto, era un chilo e quattrocento grammi. Una volta ho scaraventato via le lenzuola e ho sentito una specie di *tump*. Ho acceso la luce e ho visto Schwarzy un po' intontito sul pavimento. Lo so, è un nome terribile, di cui mi sono pentita amaramente. Però ho avuto anche Brigida, che non è mai volata via con le mie vampate.

Scusami, ma in definitiva non ho capito bene quello che l'ingresso in menopausa ha cambiato nella tua vita.

MOMO: Forse perché la mia menopausa è arrivata poco prima della pandemia, quello che è successo non è facile da decifrare. Non so, magari se non ci fosse stato il Covid con tutto quello che ha comportato avrei le idee più chiare, ma le due cose assieme mi confondono. Non riesco a capire se i miei sentimenti siano legati all'evento personale o a quello che ha coinvolto tutti quanti.

Momo, mi stai diventando marzulliana. Comunque, una botta di culo pazzesca la pandemia e la menopausa insieme. Nuovo hashtag #sologioie.

MOMO: Eh, ho iniziato a non lavorare più, artisticamente parlando. Meno male che la scrittura c'è ancora. Da tempo non mettevo la penna sul foglio, quasi tre anni, ma ora che ho ricominciato a farlo ho capito che non ci sono solo lati negativi in quello che mi sta succedendo. Nonostante le vampate, per il resto va bene, c'è una vita da vivere. E da quando ho intrapreso questo percorso, anche se obbligato, mi sento molto lucida, ho obiettivi più precisi, mentre prima ero più vaga e dispersiva, l'artista che fa l'artista... Adesso sono più centrata, so chi chiamare, a chi mandare e cosa mandare.

A me sembra che alla fine della fiera questo cambiamento non dia soltanto dei disagi: come tutti i cambiamenti, ha bisogno di una sorta di periodo di assestamento per trovare l'equilibrio. Comincio a sospettare che questa trasformazione, in effetti, ti mette in crisi ma al tempo stesso è un momento costruttivo. Certo, devi fare il percorso, il viaggio.

Ho l'impressione che abbiamo messo addosso alla menopausa una specie di carica esplosiva che andrebbe disinnescata. Ne abbiamo paura perché non ne sappiamo niente, ma parlando con amiche, conoscenti, esperte ed esperti ho saputo di persone che, affrontandola in una certa maniera, con consapevolezza, ne sono uscite meglio di com'erano entrate.

Momo: A me è venuto spontaneo scrivere, penso che sia importante parlarne.

Parliamone tanto.

Momo: Fra un pianto e l'altro, sì, parliamone. Ma lo sai che se in questi giorni vedo una vecchietta per strada, una di quelle secche secche, mi scende la lacrima?

Le Bar: Quella è invidia, Momo.

Emporio ormoni[*]

* Prof.ssa Alessandra Graziottin

Professore ac, Dipartimento di Ostetricia e Ginecologia, Università degli Studi di Verona

Docente, Scuola di Specializzazione in Endocrinologia e Malattie Metaboliche, Università Federico II di Napoli

Direttore del Centro di Ginecologia, H. San Raffaele Resnati, Milano

Presidente, Fondazione Graziottin per la cura del dolore nella donna - Onlus

www.alessandragraziottin.it; www.fondazionegraziottin.org

PROCEDO a passo lento, modulato, mi concedo una passeggiata. Anche nella memoria. Torno ai miei ricordi.

Perché ho iniziato a seguire la terapia ormonale sostitutiva? Con una menopausa anticipata, quando mi sono rivolta al mio medico, non mi sono neanche posta la domanda. E il problema.

Eppure, come mai la TOS non è così diffusa? In effetti, ancora oggi sembra avvolta da un alone di mistero (ammettiamolo, c'è anche una buona dose di timore). Alla fine, quando se ne parla fra amiche, sapendone tutte niente o quasi al riguardo – persino chi come me la fa da anni –, cominciamo a perderci.

Le Bar: L'emporio ormoni è grande.

E ti pareva... Fai pure le tue battute, io faccio le mie associazioni/riflessioni.

Ripenso al primo ciclo, è un ricordo soprattutto olfattivo, il mio. Del resto, il pensiero nei neonati si articola intorno al senso dell'olfatto, appunto, il nostro senso più «antico». Comunque, non sei più una bambina proprio quando cominci ad avere quel profumo... di donna (che va tenuto a bada, certo, e qui spero in un attacco narcolettico di Le Bar). Che è così incisivo, preciso, talmente unico e attraente.

E poi?

Poi quell'essenza comincia a rarefarsi: a volte capita lentamente, in maniera quasi poetica, giusto una leggera malinconia nell'aria, altre volte invece succede all'improvviso, è come se l'atmosfera si caricasse di elettricità. Ci sono donne che sono tempeste.

E qui ci siamo già tutte capite, vero? Che poi, fra l'altro, in profumeria si utilizzano gli stessi termini che si usano in musica, ci sono le note, gli accordi, le partiture, le sinfonie...

ALESSANDRA: Sai, Paola, la salute di tutti gli esseri viventi è musicale: tutti i processi che governano la nostra esistenza sono pulsanti, ritmici. Dai ritmi delle cellule al battito del cuore al ritmo del respiro, dal ritmo circadiano del cortisolo e della melatonina a quello dell'insulina, dall'alternanza sonno-veglia alla fame-sazietà. Ci sentiamo bene quando siamo «in fase», quando tutti i bioritmi sono in armonia. E «fuori fase» quando sono alterati, a cominciare dal bioritmo del sonno, grande custode della salute.

Ah, permettetemi però di presentarvi questa signora, questa docente universitaria, soprattutto questa vera combattente, un medico davvero fantastico, anche una donna molto bella – sotto vari aspetti – e un'amica: Alessandra. Una persona che da decenni si batte a favore della TOS, per un motivo, anzi due, molto semplici.

ALESSANDRA: Per le due leggi fondamentali dell'endocrinologia:

1. Se togli una ghiandola devi sostituirla. Per esempio, se si asporta la tiroide, si prescrive l'integrazione di quell'ormone che non può più essere prodotto. Quindi, se togliamo le ovaie per cause benigne, come l'endometriosi, o insieme all'asportazione dell'utero, perché non integriamo gli ormoni che producevano?
2. Se una ghiandola funziona poco, bisogna ugualmente integrarla. Applichiamo allora la stessa regola anche alle ovaie.

Probabilmente mi dirai che questo ragionamento, che in effetti non fa una piega, andava scritto subito, all'inizio, a lettere cubitali.

Ma tornerei per un momento alla musica del nostro corpo, anche perché, a quanto ne so, l'orchestra deve suonare magnificamente perché si possa trarre reale beneficio dalla TOS.

Dunque, musica, maestra.

ALESSANDRA: I bioritmi più complessi seguono la partitura musicale data dal *master clock*, il grande orologio posto nel cervello, precisamente nell'ipotalamo. Questo è diretto dal nostro «sensore solare», la ghiandola pineale, attiva negli umani e in tutti gli animali diurni: la luce naturale inibisce la produzione di melatonina durante il giorno, mentre di notte il buio la favorisce. L'alternanza luce-buio naturali aiuta il grande orologio a dirigere in armonia tutti i bioritmi.

Questa sincronizzazione ha poi modulatori di frequenza e di lettura in tutto il corpo, fino a trovare un (quasi) alter ego nell'orologio posto nel «cervello intestinale» (*gut brain*).

I nostri orologi interni rispondono a precisi segnali ambientali, noti come *zeitgebers*, termine tedesco che significa «che danno il tempo», ossia che sono capaci di modificare i bioritmi interni.

Tutto chiaro, chiarissimo, ma prendiamoci un respiro. E ora tuffiamoci di nuovo.

ALESSANDRA: Negli animali che usano la vista come senso essenziale per la sopravvivenza, incluso l'uomo, il fattore principe che regola vita e bioritmi è la luce. Torniamo allora ad alzarci presto e ad andare a letto prima come si faceva un tempo, a cominciare dai bambini. E facciamo attività fisica.

Il binomio attività fisica-mattino presto, alla luce

naturale, ancor meglio se in compagnia, combina i maggiori benefici su tutti i parametri della salute: previene e riduce il diabete e l'ipertensione, regala una crescente sensazione di energia, riduce la depressione, l'ansia, l'irritabilità e la collera (in crescita inquietante in questi ultimi anni che stanno mettendo a dura prova il nostro cuore, il nostro cervello, il nostro carattere). Bastano 45 minuti, o almeno 30, di camminata a passo svelto tutte le mattine per diminuire il rischio di cancro, infarto, malattie respiratorie e demenza.

Ricorda, Paola: più si è costanti nel praticare attività mattutina outdoor, meglio è. Oltretutto, regola anche l'equilibrio tra la grelina, ormone che stimola l'appetito, e la leptina, che dà il senso di sazietà, perciò ci aiuta a mangiare con gusto e misura, riducendo la fame compulsiva, emozionale, quella senza appetito, figlia dello stress, dell'angoscia e della rabbia. L'esercizio fisico all'aperto è quindi un alleato della sobrietà alimentare e contribuisce a mantenere il peso forma, o a ritrovarlo.

Last but not least, è il migliore antistress: perché muoversi all'aria aperta ripristina l'equilibrio tra il «generale dei tempi di pace», il sistema parasimpatico, che ci aiuta a gustarci la vita, e il «generale dei tempi di guerra», il sistema simpatico, che media tutte le azioni di allarme e di risposta acuta o cronica allo stress, con un guadagno netto in salute. Luce naturale e attività outdoor al mattino sono alleati della vita, e sono semplici, economici ed efficaci.

Corpo, musica, anima, mente, respiro, pensiero, equilibrio, ancora respiro, stabilità e movimento, nutrimento, anche per lo spirito, respiro, sempre... In cinquant'anni di vita, più o meno – nel mio caso un po' meno visto che la menopausa è arrivata prima del tempo, ma in altri casi anche molti meno –, impari a tenere tutto assieme. Questo se sei brava, e magari certi giorni devi essere anche bravissima. E poi?

Le Bar: Arriva la menopausa, questa sconosciuta.

ALESSANDRA: Ma la menopausa non è altro che il momento che segna l'esaurimento della funzione riproduttiva. I cambiamenti ormonali chiave sono:

- La perdita completa di estrogeni e progesterone, per l'esaurimento delle ovaie.
- La riduzione (qui si va dai vent'anni in poi) del testosterone ovarico (-50%) e del DHEA (deidroepiandrosterone), il genitore di tutti gli ormoni sessuali (-60/70%), che significa perdita di energia vitale e di desiderio.
- L'aumento del cortisolo: più questo ormone cresce, più siamo infiammate e più siamo malate. Il che si traduce in: debolezza, affaticabilità e depressione, oltre a maggiori rischi cardiovascolari, tumorali e neurodegenerativi, come demenze e malattia di Parkinson.
- Tiroide in difficoltà di produzione, con ipotiroidismo

(spesso su base autoimmune), meno frequentemente con ipertiroidismo.

- Problemi di utilizzo periferico, da parte dei tessuti, dell'insulina, soprattutto se si è fisicamente inattive con alimentazione ipercalorica o comunque in eccesso rispetto al fabbisogno: e il peso comincia a salire inesorabilmente. Aiuto!

Non proprio ottime notizie.

ALESSANDRA: Ma ci sono anche ottime notizie. Prima fra tutte, la nostra longevità: soltanto un secolo fa in Italia e in Europa la donna moriva prima di andare in menopausa, in media a quarantotto anni. In questi cent'anni ne abbiamo guadagnati trentasette di vita, portando l'età media del decesso a ottantacinque anni. Perciò, oggi cos'è la menopausa, rispetto alle passate generazioni? È la porta d'ingresso a un terzo (almeno) della vita, che può essere ancora esaltante, invece di essere considerata l'inizio della fine.

Dobbiamo allora cambiare i paradigmi della menopausa, considerarla l'avvio di una rinascita. Riusciamo a farlo nel momento in cui, per esempio, eseguendo un check-up generale prendiamo atto delle vulnerabilità a cui magari in passato non prestavamo attenzione, come la predisposizione al diabete o all'ipertensione, che possono essere ridotte migliorando lo stile di vita.

Innanzitutto, cerchiamo di investire sugli anni a venire in maniera fantastica e proficua. Quando viene da me una paziente, la prima cosa che le dico è: «Facciamo squadra per realizzare insieme un progetto di longevità in grande salute fisica ed emotiva». La collaborazione stretta tra medico e paziente è fondamentale per costruire una terapia su misura utile a ridare a se stessa, alla famiglia e alla società una donna piena di energia e di voglia di vivere.

Ecco, una cosa va detta, a rischio di sembrare impopolari, ma qui non mi sembra che ci siano ragazze particolarmente tremebonde su certi temi. Alcuni ginecologi ti seguono nel corso dell'intero periodo in cui sei fertile, e se sei incinta ti chiamano anche il 25 e il 31 dicembre per sapere come stai. Poi, però, dai cinquant'anni o giù di lì, ti salutano e si rifanno vivi magari quando ne hai sessantacinque per dirti che è forse il caso di fare una mineralometria, l'esame per misurare la densità ossea.

Le Bar: 💀

Lo sguardo di Alessandra su di me mi richiama dalle divagazioni.

Giusto, andiamo per ordine. Anche perché se il nostro medico non ci segue, possiamo cambiarlo e cercarne uno più attento.

Allora, prima di tutto come facciamo a sapere che ci stiamo avvicinando alla menopausa?

ALESSANDRA: I sintomi possono essere suddivisi in gruppi, perché il corpo ha organi e tessuti che soffrono, magari più di altri, per ragioni genetiche. Se la donna ha:

- Irregolarità mestruali. Cicli prima in ritardo (oligomenorrea) e poi ravvicinati (polimenorrea), abbondanti e/o con perdite irregolari nella settimana precedente alle mestruazioni, oppure ciclo che «salta» un mese: la menopausa potrebbe essere in agguato! Attenzione: non si è mai troppo giovani per andare in menopausa.
- Irritabilità pre ciclo. Vampate in fase mestruale, insonnia, tachicardie notturne, malinconia, amnesie: non ricordi più alcune cose o all'improvviso non ti vengono in mente le parole. Questi sintomi rivelano che il cervello è in sofferenza in tutti e quattro i suoi dipartimenti: neurovegetativo, affettivo, cognitivo e motorio.
- Dolori articolari. La mattina ti senti arrugginita, sempre più debole, i muscoli perdono massa e tono, con «braccia a vela»: il sistema osteoarticolare è in grande sofferenza.
- Si allarga il punto vita. Aumenta la pancia, si gonfia, con meteorismo e stitichezza. È l'intestino che non sta bene, il microbiota in particolare.
- La sessualità diventa un problema. Si presentano secchezza, dolore e calo del desiderio. I genitali esterni e interni invecchiano, e in parallelo lo fanno anche la vescica e l'uretra; ecco perché anche l'incontinenza

femminile – da urgenza, da sforzo e mista – diventa sempre più frequente con il passare degli anni.

Le Bar: Della serie: non facciamoci mancare nulla. Ma proprio nulla.

Ricapitolando:

- Ciclo irregolare.
- Irritabilità prima del ciclo.
- Disturbi del sonno.
- Tachicardie notturne.
- Difficoltà a ricordare, amnesie.
- Dolori articolari.
- Perdita di tono e forza muscolare.
- Gonfiore addominale/meteorismo intestinale.
- Aumento del grasso addominale.
- Perdita del desiderio.
- Secchezza vaginale, dolore durante i rapporti.
- Incontinenza urinaria.
- Invecchiamento accelerato della pelle.
- Perdita del profumo di donna.

Ok, adesso, però, prima di capire che cosa fare, diamoci una piccola pacca sulla spalla, suvvia. Ci sono anche donne che non hanno questi sintomi, anzi continuano a stare piuttosto bene. Come mai?

ALESSANDRA: È vero: circa il 30-35% delle donne va incontro a menopause devastanti, un altro 40% circa ha sintomi considerati tollerabili (ma che rivelano comunque un danno sottile e inesorabile in corso in tutto il corpo) e un altro 30% circa passa la menopausa in maniera abbastanza tranquilla. Queste ultime hanno due fortune biologico-genetiche:

1. Un surrene che produce ancora molto bene il DHEA.
2. Le ovaie che producono più testosterone e più a lungo, per cui queste donne presentano meno sintomi. Sono quelle signore che un tempo venivano definite «grandi madri»: erano le matriarche, invecchiavano meglio, vivevano più a lungo della media, con più energia, erano le registe della famiglia, salvavano figli e raccolti anche in tempo di guerra.

In ogni caso, ragazze, ascoltiamo i sintomi e, grazie alla semeiotica – che è l'arte medica di saper leggere il libro del corpo, tra sintomi soggettivi e segni obiettivi –, facciamo una diagnosi precoce di tutte le vulnerabilità, in modo da prevenire conseguenze gravi e continuare a vivere in salute. La donna che ci pensa per tempo è molto saggia: come in tutti i viaggi importanti della vita, si prepara, valutando bene quali siano le difficoltà, le opportunità, gli aspetti positivi e perfino divertenti, e quali invece i passi da fare con prudenza e accortezza.

E noi donne, si sa, quando vogliamo saltiamo, anzi voliamo.

Lo so, ancora nozioni, ancora studio, ma il tesoro dentro quel forziere è preziosissimo, ricordate? È il nostro futuro. E, soprattutto, il modo in cui vogliamo trascorrerlo. Perciò, una volta raccolte le informazioni sui sintomi e verificati quelli che Alessandra definisce i segni del corpo, quali sono gli esami da fare per diagnosticare lo stato di salute in menopausa?

ALESSANDRA: Innanzitutto, le analisi del sangue. Sono importanti in particolare:

1. Il profilo ormonale di ipofisi, ovaie e surreni, per capire in quale fase della menopausa sia la donna.
2. Il profilo tiroideo, perché spesso la tiroide va in crisi in parallelo alla menopausa.
3. L'emocromo, la sideremia (ricordo che l'anemia da carenza di ferro raddoppia la depressione) e la glicemia (il diabete è insidiosissimo).
4. Il colesterolo e il profilo lipidico: se alterato, e associato a glicemia in aumento, è l'anticamera della sindrome metabolica, con obesità e malattie cardiovascolari.
5. Il dosaggio della vitamina D, carente nella maggioranza delle donne, preziosa non solo per le ossa, ma anche perché è un potente fattore di regolazione del sistema immunitario: più bassa è, peggio funziona il nostro «esercito di difesa».
6. Gli enzimi epatici.
7. Gli esami specifici, per esempio quelli per approfondire il rischio trombotico. Questi, però, si eseguono solo se indicati dalla storia clinica personale e famigliare della donna.

Va poi fatto un esame obiettivo accurato della paziente, che permette di attestare la reale condizione di salute del corpo. Si dovrebbero controllare il peso, l'altezza, la circonferenza addominale e la postura, che rivela moltissimo sulla vulnerabilità a dolori osteoarticolari e muscolari nonché sul rischio di microfratture vertebrali.

Il controllo della pressione è utile per capire se c'è un problema di ipertensione.

Essenziale la visita del seno (che faccio a tutte le pazienti) e una visita ginecologica accuratissima, con particolare attenzione a sintomi e segni di sindrome genitourinaria della menopausa, vale a dire atrofia dei genitali esterni, secchezza vulvare e prurito, atrofia vaginale con dolore durante i rapporti e invecchiamento di uretra e vescica, che comportano una maggiore vulnerabilità a cistiti e incontinenza.

L'ecografia pelvica ci dirà come sta l'utero e se ci sono problemi all'endometrio, confermando anche lo stato di salute delle ovaie. Questo permette di individuare eventuali cisti, che non dovrebbero invece formarsi perché l'ovaio in menopausa deve essere «addormentato» e silente.

Il pap-test è importante per escludere patologie a carico del collo dell'utero, mentre è indispensabile la mammografia annuale, integrata da un'ecografia mammaria se il seno è denso.

Infine, la densitometria ossea (MOC) è preziosa per fare il punto sullo stato delle ossa.

Dopo una visita completa e con questi esami di

base si può ricostruire una storia clinica accurata e, di conseguenza, definire la terapia ormonale più appropriata e gli stili di vita indispensabili a creare la migliore sinergia per «rinascere».

Riassumendo, ecco quel che è bene fare:

- Esame generale (peso, altezza e circonferenza addominale).
- Visita senologica e ginecologica.
- Misurazione della pressione arteriosa.
- Pap-test.
- Ecografia pelvica.
- Esami del sangue.
- Mammografia.
- Ecografia mammaria.
- MOC-DXA.

E a questo punto, dove magari siamo arrivate non proprio dopo una semplice passeggiata, ma certo dopo una passeggiata di salute, immagino che potremo strutturare una terapia ormonale sostitutiva, come dire, su misura.

Le Bar: Facciamo l'haute couture della TOS, dai.

ALESSANDRA: Lasciami sottolineare un concetto cardine cui ho accennato, sì, uno di quelli da mettere a lettere cubitali: NON SI È MAI TROPPO GIOVANI PER ANDARE IN MENOPAUSA. Questo, magari, dovrebbe essere il titolo di un capitolo a parte. Pensa alle donne che vanno in menopausa a venti o a trent'anni e che per vent'anni devono pure sentirsi dire che è tutto stress, che è un fatto psicologico, che sono sbarellate? Invece non è così, e questo per una serie di ragioni, da scoprire ponendoci poche semplici domande.

1. A che età sono andate in menopausa la nonna, la mamma, la zia, o la sorella maggiore? Se lo sappiamo, intercettiamo una buona quota di menopause precoci su base genetica.

2. Soffriamo di una malattia autoimmune, tra cui tiroidite, neurite ottica, celiachia, lupus, sclerosi multipla? La donna che ha una patologia autoimmune ha un sistema immunitario che non centra il bersaglio, e dopo averne sbagliato uno tende a colpirne molti altri. E il primo candidato qual è? L'ovaio. Pertanto, è bene intercettare eventuali patologie e parlare con il medico, così potremo salvare gli ovetti con la crioconservazione quando ce ne sono tanti e di buona qualità. Se aspettiamo che il ciclo cominci a «saltare», magari la riserva ovarica è quasi esaurita e da quel punto di vista siamo fritte.

3. Abbiamo fatto terapie come la chemio o la radioterapia, per curare un tumore? Certamente possono essere state formidabili da un punto di vista della sopravvivenza, ma potrebbero anche aver ridotto la riserva ovarica. Il prezzo può essere una menopausa indotta da cure mediche (iatrogena).

4. Abbiamo avuto interventi alle ovaie, o per cisti benigne o per endometriosi? Anche questi potrebbero aver ridotto drasticamente la riserva ovarica.

Rispondendo a questi quattro quesiti siamo in grado di prevedere circa l'80% delle menopause precoci o anticipate, perché NON SI È MAI TROPPO GIOVANI PER ANDARE IN MENOPAUSA.

Parliamo di menopausa precoce quando compare prima dei quarant'anni, di menopausa anticipata quando è prima dei quarantacinque. Il primo caso riguarda il 7% delle donne e il secondo l'11%, quindi abbiamo quasi un 20% che si trova ad affrontare la menopausa quando si sente ancora una ragazza. Nelle più giovani la fluttuazione ormonale è particolarmente marcata, perciò ci si ritrova gonfie, con tre chili in più prima del ciclo, disturbi del sonno, dolori articolari, irritabilità, astenia pazzesca e così via...

E allora che facciamo?

ALESSANDRA: Per contrastare questa tempesta andiamo sulla terapia contraccettiva con ormoni bioidentici come gli estrogeni. E poi usiamo due progestinici diversi, pillole che sono approvate fino ai cinquant'anni e con dati estremamente rassicuranti. Perché se in questo periodo togliamo tutto lo Sturm und Drang, il furore e l'impeto, lo sconquasso da terremoto ormonale menopausale anticipato, queste ragazze arriveranno a cinquant'anni belle come bijou.

Eccoli qua: più che una certa età, un'età certa. E adesso?

ALESSANDRA: Intanto dobbiamo sottolineare che la terapia varia a seconda del momento della menopausa, perché una donna potrebbe mostrare sintomi importanti che preludono alla menopausa anche anni prima dell'ultimo ciclo. Quindi, sulla base dell'anamnesi della paziente si può decidere che tipo di ormoni prescrivere, anche per attenuare quei sintomi già aggressivi.

Con una menopausa acclarata, poi, in base alla sintomatologia, la prescrizione potrà basarsi su estrogeni bioidentici, uguali a quelli che la donna ha perduto. E in una menopausa tutto sommato senza problemi particolari si potrà prescrivere il progesterone naturale, quindi bioidentico, uguale a quello prodotto dalla donna stessa.

Se invece la donna sta perdendo i capelli e ha una ritenzione idrica pazzesca, allora potrebbe assumere un progestinico, leggermente diuretico, ma anche con una valenza antiandrogena, come il drospirenone, che aiuterà a contrastare la caduta dei capelli.

Infine, se lamenta scarsa energia e perdita di desiderio, sceglieremo un progestinico «androgenico», che potenzia anche i benefici dell'attività fisica sui muscoli, che altrimenti perdono massa (sarcopenia), forza e tono.

Attenzione, però, anche la via di somministrazione è importante:

1. Se la donna soffre di colon irritabile, con diarrea e stipsi, la prima scelta come terapia mirata sarà l'utilizzo del farmaco transdermico, con l'uso di estrogeno bioidentico applicato tramite gel o cerotto.
2. Se la paziente ha in particolare sintomi urogenitali, la si può aiutare con una terapia locale, su vulva e vagina, grazie al testosterone, agli estrogeni o al prasterone, per un ritorno di «giovinezza nell'intimità».

Va sottolineato che non si può chiedere agli ormoni di rimetterci a nuovo come se fossero una bacchetta magica. Deve esserci una piena assunzione di responsabilità da parte nostra sull'essere in perfetta salute, con stili di vita impeccabili, o almeno i migliori possibile. Ovviamente, ogni anno si dovranno effettuare visite di controllo per intercettare i piccoli segnali e le controindicazioni che possono manifestarsi per ragioni genetiche o per stili di vita scorretti, come l'uso di fumo, alcol o stupefacenti.

A proposito, c'è un preparato magico, che è la pomata al testosterone, giusto?

ALESSANDRA: E questo è un plus, perché, come abbiamo detto, il testosterone nella donna è presente con un picco a vent'anni: ecco perché a quell'età siamo tutte felici, esuberanti e piene di desiderio. A cinquant'anni abbiamo già dimezzato il testosterone; nel caso in cui ci siano state asportate le ovaie o ci siamo sottoposte a chemio o radioterapia (che distruggono le cellule che producono il testosterone), arriviamo a perderne anche l'80%.

Va tenuto presente che in tutte le donne in età fertile, anche nella biondina glabra, il testosterone è molto più rappresentato nel corpo, nel sangue e nei tessuti che non gli estrogeni. Gli ormoni femminili sono molto più alti del testosterone solo in gravidanza. In sintesi: è il testosterone che dà alla donna la voglia di vivere e di amare, oltre a una bella muscolatura.

Tornando alla pomata, applicata a livello genitale, su vulva e vagina, esiste un'ampia possibilità di personalizzazione sul fronte del dosaggio. Servirà a contrastare la sindrome genitourinaria della menopausa, l'invecchiamento e l'atrofia dei genitali, ma anche dell'uretra, della vescica, del pavimento pelvico... Alla fine, la continenza e la risposta sessuale miglioreranno considerevolmente.

Ragazze, per favore, non dimentichiamoci mai che se i sintomi sono gravi è perché il corpo sta piangendo per tutto quello che ha perduto.

FEROMONI: PROFUMO DI FEMMINA, PROFUMO DI MASCHIO

I feromoni sono sostanze chimiche secrete da un soggetto, di cui costituiscono una sorta di esclusiva «carta d'identità» olfattiva. È un'aura invisibile, una nuvola profumata, olfattivamente molto precisa, dovuta alla complessa varietà chimica delle secrezioni delle ghiandole sudoripare e sebacee e modulata dagli ormoni sessuali, che contribuisce alla «mappa olfattoria», ossia all'odore individuale. Grazie ai feromoni, ogni essere umano ha cioè una specifica «identità olfattiva», unica come l'impronta digitale. Quest'aura non è percepita a livello conscio bensì subliminale, da individui della stessa specie.

I feromoni modulano comportamenti socialmente rilevanti per la sopravvivenza individuale (quali la paura, il panico, la fuga) e/o la riproduzione (attrazione o avversione sessuale). Dopo la pubertà, la composizione dei feromoni individuali è determinata dal sistema maggiore di istocompatibilità (Major Histocompatibility Complex, MHC), un insieme di geni che coordina l'immunocompetenza e i cui marcatori, che consentono di riconoscerli e tipizzarli, sono presenti, per esempio, sulla superficie dei globuli bianchi (sono allora definiti HLA, Human Leukocyte Antigens).

La finalità dei feromoni è consentire l'attrazione sessuale tra due soggetti che abbiano la massima probabilità di «successo riproduttivo», di avere cioè figli biologicamente più vitali (il che non è necessariamente correlato con l'essere buoni genitori).

I feromoni sono secreti con una modalità qualitativa e quantitativa differente non solo in età fertile, ma anche all'interno del ciclo mestruale, con un picco durante l'ovulazione. Sono mediati da estrogeni, progesterone e testosterone; contribuiscono al «profumo di donna» che tanta parte ha nell'attrazione sessuale più profondamente istintuale. Nell'uomo, invece, sono gli androgeni i più potenti mediatori della secrezione feromonale (il «profumo di maschio»), che ha la capacità, tra l'altro, di attivare e ottimizzare l'ovulazione nella donna. È questa la base biologica di un'osservazione antica che faceva dire ai vecchi medici, in caso di mestruazioni irregolari: «Sposati e il ciclo si metterà a posto!» anche se non sapevano ancora che il fattore di sincronizzazione del ciclo e dell'ovulazione era rappresentato dai feromoni del marito.

Con la menopausa, e la scomparsa degli ormoni sessuali, la produzione di feromoni cala drasticamente. In parallelo, si riduce un potente fattore di attrazione e di eccitazione sessuale per il partner. Ed ecco la crisi di coppia in agguato: «Non mi desidera più».

In positivo, la terapia ormonale sostitutiva ben personalizzata, anche con la giusta dose di androgeni, restituisce alla donna il «suo» profumo, sensuale e seducente, fatto di feromoni esclusivi che nessun altro profumo può imitare. Questo, in parallelo alla ritrovata freschezza e giovinezza genitale, rimette in pista la migliore potenza sessuale, fatta di desiderio e di attrazione, di eccitazione reciproca e di orgasmi gloriosi (se, per il resto, l'intesa di coppia è ancora buona).

Davvero «l'essenziale è invisibile agli occhi», come diceva Antoine de Saint-Exupéry, ne *Il piccolo principe*.

E non dimentichiamoci che la musica non si spegne mai, a maggior ragione a cinquant'anni. E la musica fa venir voglia di ballare.

Mangia, prega, ama...ti[*]

* Beppe Cuccarese, ingegnere genetico, nutrizionista e alimentarista.

OGGI. Ma proprio oggi. Non ieri, non domani. Oggi, anzi venti minuti fa. Una deve vedere il nutrizionista, e che fa? Va, per lavoro, era lavoro, suvvia...

Le Bar: Eccerto, raccontatela così.

...a un pranzo e si fa un piatto di tagliatelle cotte in un meraviglioso brodo di gallina, con burro e parmigiano. E accompagna il tutto con un buon bicchiere di vino.

Le Bar: Ne ho contati due.

Sticazzi, Le Bar.

Le Bar: Quella parola è diventata il nostro mantra. Comunque secondo me hai fatto bene, se vai dal nutrizionista ti deve sgrassare. 😑

Questa è veramente orrenda. E comunque oggi non dobbiamo parlare di me.

Ed eccomi qua, ormai ci sono, sono seduta di fronte a uno dei ragazzi che si palesano in queste pagine. Si chiama Beppe. Grandi occhi verdi, un bel sorriso, una voce che ti mette subito a tuo agio. Tant'è che gli confesso spudoratamente da dove arrivo e che cosa ho combinato. 😵

Le Bar: Esordisci così, col coming out: moderna!

Sparisci, Le Bar.

BEPPE: Non sono per niente in disaccordo, Paola, con quello che hai fatto. Non è così terribile.

Sì, ma c'erano due dita di sughetto, tutti facevano la scarpetta e io me lo mangiavo col cucchiaio, diciamo in purezza.

E non facciamo il solito discorso dello choc metabolico, dell'una volta alla settimana che serve e che ci sta (non so nemmeno se sia vero). Per me non è una volta ogni tanto, io sono golosa, godereccia, mi piace mangiare bene e viziarmi con il cibo. A volte mi chiedo cosa ne pensa il mio fegato.

BEPPE: Io sono pro burro.

Evviva!

Le Bar: Mi piaci, sai?

Sì, adesso, però, non fare l'occhio da triglia.

BEPPE: Ma oggi sei qui per parlare di menopausa, giusto?

Sì, effettivamente, però un attimo, suvvia...

BEPPE: Di che tipo di menopausa? Perché può arrivare anche a vent'anni, ho diversi casi del genere.

E quali possono essere le cause? Sai, anche a me è capitata una menopausa anticipata, non a vent'anni, ma comunque prima della media.

BEPPE: Le cause possono essere genetiche ma, in base alla mia esperienza, molto più spesso sono di natura traumatica. Ho una paziente che è stata lasciata dal compagno sulla soglia della sala parto e non ha più avuto il ciclo. Un caso piuttosto difficile.

Mi dico che capisco perfettamente la situazione: anche il mio ginecologo mi ha confermato la stessa cosa. In effetti, l'anno in cui sono entrata in menopausa è stato terribile per me.
Beppe prende un foglio bianco, tira linee, scrive qualche appunto e mi dà spiegazioni. È bravo, vagamente timido, mi sa.

BEPPE: Vedi Paola, possiamo dire, semplificando all'estremo, che il cervello sono quattro scariche elettriche e il cuore è una pompetta, mentre il fegato è la vera superstar del corpo. Peraltro, è l'unico organo che si rigenera.

Le Bar: Sto ricontando i bicchieri di vino.

Zitta, che almeno su quello l'abbiamo fatta franca. 😬

Le Bar: Ma quando viene tolto un pezzo di fegato? Dicono che ricresca.

Ecco, è arrivato il Dr. House. Stiamo facendo una brutta figura.

BEPPE: In effetti è più o meno così, pensate che la medicina cinese lavora quasi esclusivamente sul fegato, o meglio, il fegato è il suo punto di partenza. Sintetizzando, il fegato nella medicina cinese ha tre funzioni ancestrali:

1. Preserva il sangue e regola e normalizza la volumetria sanguigna.
2. Mantiene l'equilibrio e la stabilità del movimento energetico in tutto l'organismo.
3. Controlla e disciplina gli stati emozionali: rabbia, intuizione, creatività, progettualità.

Il fegato, tutto il resto è noia?

BEPPE: No, però in Cina se hai problemi a un occhio ti curano una parte di fegato, se hai un dolore a un piede te ne curano un'altra parte e così via.

Quindi come si fa ad avere un fegato che non sia un foie gras?

Le Bar: Chiede quella che ha mangiato un chilo di burro...

L'hai mangiato pure tu, *chérie*, e hai anche molto gradito.

BEPPE: Ma il fegato va stimolato.

Forse non proprio tutti i giorni.

BEPPE: Il burro fa bene, per certi versi è meglio dell'olio d'oliva, che contiene sì degli acidi grassi molto salutari, ma nel nostro fegato si trasformano poi in Omega 6, i quali se in eccesso possono provocare infiammazione.

Ma l'olio crudo?

BEPPE: Certo, anche quello. Uno degli acidi grassi migliori per il nostro corpo è il butirrico, che è contenuto proprio nel burro. Oltre a stimolare la flora batterica intestinale, è l'idraulico liquido del fegato. Ora, non è che questo giustifichi un panetto di burro con un filo di marmellata sopra e una fetta biscottata sotto... In ogni caso, l'acido butirrico si trova anche in compresse, come integratore.

Gli integratori sono arrivati sulle nostre tavole ma vanno usati con attenzione. E sempre sotto controllo.

Le Bar: Che noia...

Piantala, che l'alimentazione è una cosa serissima, non è solo preventiva, sai? È anche curativa. E va modulata, questo lo so persino io, a seconda dell'età. Dai venti ai cinquant'anni, più o meno, puoi mangiare tutto.

Poi magari inizi ad avere difficoltà a digerire. Oddio, a parte qualche volta i peperoni, io digerisco anche le gambe del tavolo...

BEPPE: A parte l'alimentazione, ormai sappiamo che esiste un invecchiamento programmato. Passati i quaranta, si crea una condizione per cui il mitocondrio - un organulo che si trova dentro le cellule - comincia a non funzionare più come prima, e da quel momento noi invecchiamo.

E c'è un modo per mantenere giovane 'sto simpaticone del mitocondrio?

BEPPE: Questa è la grande domanda della ricerca moderna. Tutti vanno a parlare con il mitocondrio, mettiamola così.

E lui?

Le Bar: Non ci si fila proprio, il mitocondrio, mi sa.

La buona notizia però è?...

BEPPE: Intanto, dobbiamo curare lo stile di vita.

Non è una buona notizia, ed è anche vecchia.

BEPPE: Un momento, Paola. Nell'invecchiamento c'è una componente genetica e una epigenetica, che proviene dall'esterno, insomma: conta quello che respiri, quanto ti muovi e, certo, quello che mangi. In questo senso, l'aspetto più interessante è quello dell'insulina, che è il diavolo dei nostri anni, sai? Se la stimoli troppo vai incontro a una serie di patologie parecchio serie.

Insulina, eh. Qui parliamo di zucchero. E io sono una che spesso e volentieri vede il fondo del barattolo del gelato. E so anche che lo zucchero che mangio non è soltanto quello del gelato, della panna, della torta al cioccolato: buona parte dei cibi lavorati nasconde zucchero.

BEPPE: Io però non starei a demonizzare la grande distribuzione. L'industria ti dà quello che chiedi.

Io penso piuttosto che la gente chieda quello che le viene proposto.

Le Bar: E quella è l'abilità del marketing. Ma la vera grande domanda che ognuno di noi si fa è: perché tutte le cose buone fanno male?

BEPPE: Non è vero.

Allora, dimmi una cosa buona che fa bene.

BEPPE: Ce ne sono tante. E no, non sono il tiramisù e il pesce fritto (anche se mangio entrambi)... È proprio il paradigma, la nostra prospettiva che deve cambiare.
Vediamo come posso spiegarmi... Ecco: conosco una ragazza molto divertente, un po' una *bad girl*, se vuoi, una cui piaceva fumare parecchio, bere abbastanza, ogni tanto esagerare. L'esperienza, la vita, l'arrivo di una figlia l'hanno cambiata. Prima camminava su una rotaia, poi ha preso fiato ed è saltata giù.
Vedi, Paola, non è detto che il treno ti travolga: guarda Keith Richards, altro che la mia amica che ha smesso di fumare, di bere (io un bicchiere ogni tanto, se lo gradiscono, lo concedo a tutti) e di esagerare... E ha scoperto più che un altro modo, un altro mondo, solo spostandosi di qualche centimetro.

Confermo. L'ho incontrato un po' di anni fa e beveva solo *cranberry juice*, succo di mirtillo rosso. Solo quello, ma litri.

Le Bar: Forse era corretto.

BEPPE: In fondo, se bevi un po' di più, se mangi un po' di più (o anche troppo o troppo poco), se a volte condisci il tutto con qualche vizio, ebbene, quasi sempre lo fai per non accorgerti che non ti stai divertendo.

Qual è la dipendenza peggiore?

BEPPE: Lo zucchero, indubbiamente, te ne rendi conto quando lo elimini.

Hai ragione. Sai che per qualche tempo ho fatto una dieta mimadigiuno e sono andata in crisi d'astinenza da zucchero? Giuro: mi facevano male le ossa, sentivo la cassa toracica indolenzita, un dolore nuovo, profondo, che partiva dall'interno. Mi sono spaventata, ho avuto sensazioni che proprio non mi sono piaciute. Mi sono sentita molto Christiane F. Avendolo provato sulla mia pelle, e dopo che me lo hanno confermato i medici, ho capito che lo zucchero può essere terribile.

BEPPE: Il fatto è che si trova ovunque: nei cibi conservati, nel vino, nelle bevande gassate… L'insulina serve a trasportare lo zucchero nel sangue e farlo arrivare nelle cellule – e, dunque, nel mitocondrio – per produrre energia, ma può anche essere molto tossica.

Le Bar: Mi pare di capire che se dai troppo zucchero al mitocondrio – che ormai è il nostro mito – lui la prende bene, ma non benissimo.

BEPPE: Infatti. Non solo, con l'avanzare dell'età, io e te, Paola, non essendo più in crescita, possiamo sviluppare un'insulinoresistenza. Ed è per quello che si inizia a ingrassare.

E cambia il posto dove va a finire il grasso: prima si accomodava sulle *culotte de cheval*, adesso si adagia sulla pancia.

Le Bar: Che linguaggio internazionale, culotte de cheval... Dai, P, che anche in questo capitolo voliamo alto.

Ma tu non hai proprio niente di meglio da fare, vero?

Le Bar: Lo sai, siamo indistinguibili.

BEPPE: Ehm, posso? Vedete, se cambia il modo di ingrassare dipende dagli ormoni. La faccio semplicissima: con l'avanzare dell'età, avvicinandosi alla menopausa e con la menopausa, le donne vanno verso una fase più androgina. Nel corso della vita producono anche il testosterone – l'ormone «maschile» che proviene dal colesterolo –, ma nel momento in cui vengono a mancare nell'organismo gli ormoni che trasformano il testosterone in estrogeno – l'ormone «femminile» –, comincia questa sorta di «mascolinizzazione» per cui se si mangia male aumenta il grasso addominale, come succede negli uomini.

Altre buonissime notizie, dunque. Anche qui, però, mica ci rassegniamo?

BEPPE: No, no, ma che rassegnarsi! Ci sono fitoestrogeni, sostanze di origine vegetale, che possono essere di grande aiuto, per esempio il trifoglio rosso e l'agnocasto. Funzionano, non sono palliativi, e proprio per questo vanno presi con una certa cautela. Non dobbiamo pensare che gli integratori, siccome sono naturali, possano essere assunti come e quando ci pare.

Sì, la cosa inzia a suonarmi familiare.
Certo che una volta si beveva lo Spritz, ora grandi bicchieri d'acqua con dentro la bustina di che ne so.

Le Bar: In acqua frizzante, però, sai che cocktail. 😑

BEPPE: Ci sono anche le compresse e la tintura madre degli integratori citati sopra.

Le Bar: La noia, insisto.

E il digiuno? Tanti dicono che fa bene digiunare un giorno alla settimana.

Le Bar: A te no di certo, non hai mai provato.

Ma magari a chi lo fa sì.

BEPPE: Non sono un fondamentalista, non sono a favore dei digiuni prolungati, ma credo che a un certo punto della vita, se ascolti il tuo corpo, senti che devi fare qualcosa di diverso. Comunque, il cambiamento è un viaggio difficile.

Le Bar: Il cervello rettiliano ti dice subito: «Ficca la testa nel frigo».

Le Bar, l'arte della sintesi. In ogni caso, cara mia, quello che cerchi nel frigorifero è quasi sempre già dentro di te.

BEPPE: In fondo è abbastanza vero. Però, se soltanto pensi: Mi metto a dieta, è finita. Nella tua testa associ subito la cosa al fatto che dovrai privarti di una serie di alimenti, che non uscirai a cena, non vedrai gli amici...

Ammettiamolo, dai, la socialità in Italia passa per il cibo e il vino. Mica ti incontri davanti a una polpetta di miglio e a un bicchiere d'acqua calda. Se vai al ristorante e non mangi, cosa ci vai a fare?

BEPPE: Ma se una domenica esci e mangi un piatto di pasta come quello che hai appena mangiato, va benissimo.

Le Bar: Non se n'è dimenticato, però.

BEPPE: Volendo, è peggio il sushi: pensi di mangiare leggero, invece il riso è tenuto insieme dallo zucchero e si cucina con il glutammato.

Sono d'accordo!

BEPPE: Il problema sono certi equivoci che circolano sull'alimentazione.

Esatto!

BEPPE: Per esempio, proteine = carne, ma le proteine non si trovano solo nella carne: sono anche nei cereali, nei legumi, nella verdura, nella frutta e nei semi oleosi.

Più andiamo avanti nella vita e meno carne dovremmo mangiare (senza eliminarla del tutto), perché con l'età le cellule non si rigenerano come quando eravamo bambini o ragazzi. Dai quaranta in su, diciamo, dobbiamo «mantenere uno stato», e per farlo bisogna

evitare i cibi che nutrono le cellule che possono provocare problemi, e la carne è fra questi. Tieni presente
che ogni giorno noi produciamo e distruggiamo cellule
anomale nel nostro organismo, e più innalzi i livelli
insulinici, peggio è.

E poi, è una buona regola mangiare poco.

Bonjour tristesse.
Ma se voglio mangiare un piattone da 150 grammi
di pasta?

BEPPE: La versione romantica del prendere peso è
che tu mangi 150 grammi di pasta e ingrassi. Non è
così. Per esempio, tu parli di un alimento ad alto indice
energetico come la pasta, ma l'unico carburante che
carbura è il carboidrato, scusa il gioco di parole. Le
proteine non carburano, quindi se vuoi utilizzare energia
il carboidrato è perfetto, il problema è che in base al
ciclo circadiano (il naturale susseguirsi di ore di luce
e di buio) non dovresti assumerlo nella fase di buio,
in cui non è più possibile distruggerlo correttamente
e completamente.

L'idea di non mangiare dopo le cinque del pomeriggio è sbagliata; piuttosto, dobbiamo utilizzare gli
alimenti nella maniera più corretta. Perciò, in linea di
massima, è bene mangiare i cibi che producono energia – cioè quelli che contengono carboidrati – durante
il giorno, fino alle quattro o alle cinque, quando c'è
ancora luce, e alla sera le proteine, che favoriscono una

fase «ricostruttiva» a livello di muscoli, pelle e ossa, strutture che durante la menopausa è fondamentale si rigenerino.

Comunque, volevi una buona notizia? Eccola: il metabolismo (per lo meno inteso come fattore ingrassante) non esiste.

Noooooo, eddai! Finalmente una buona notizia vera.

BEPPE: Sempre in base al ciclo circadiano, l'attività metabolica si divide tra una fase – diurna – distruttiva dell'alimento e di recupero energetico dallo stesso (carboidrati e grassi) e una fase – serale e notturna – costruttiva a partire dall'alimento (proteine). Può essere che se mangio pasta a pranzo e carne a cena tutto funzioni, ma non è detto. Dipende da tanti fattori, uno dei quali è l'essersi sottoposti a molte diete sbagliate e punitive: la scarsità di cibo può indurre il fisico a stoccare riserve come in vista di una carestia. In questo caso occorre rieducarlo.

E quanto ci vuole?

BEPPE: Se avessi la risposta sarei milionario, però posso dirti che il metabolismo è il lavoro biologico dell'organismo, ogni cellula ha attività metaboliche, dunque in noi ci sono miliardi e miliardi di metabolismi.

Le Bar: Ma che incubo, mai 'na cosa facile.

BEPPE: E poi siamo tutti diversi, unici. Per esempio, rispetto a quello che dicevamo su quando è opportuno assumere il cibo, si parla di cronotipi: vale a dire che non esiste una regola universale, ogni organismo ha le sue caratteristiche e reazioni.

Ho avuto pazienti che con i carboidrati a pranzo e le proteine a cena non perdevano un etto. Allora ho invertito: niente lo stesso. Alla fine ho provato con le proteine a pranzo e un primo e un secondo (cioè carboidrati e proteine) a cena, e hanno perso anche venti chili.

Devo dire pure che le persone spesso non ingrassano o dimagriscono a seconda della quantità di cibo che mangiano: c'entra piuttosto lo stile di vita e l'alimentarsi in modo sbagliato. E l'attenzione a questo aspetto vale anche di più in menopausa, perché i parametri dell'organismo possono cambiare. Da me arrivano tantissime donne che mi dicono: «Sono in menopausa, ho preso quindici chili».

Ma perché succede?

BEPPE: Si può scoprirlo facendo le analisi dei tre profili: quello ormonale, quello insulinico e quello tiroideo. Dopodiché, si stabilisce un certo tipo di alimentazione. Hai l'insulina alta? Allora si va di più sulle proteine. Se è bassa, invece, si punta sui carboidrati.

Parliamo delle vampate. Ho un'amica che ha eliminato l'alcol perché peggiorava molto la situazione. Ma si può bere un bicchiere di vino?

Le Bar: Questo è il classico «chiedo per un'amica».

Ma che c'entra ora questo, Le Bar? Fammi sentire del vino, che tra l'altro era il nettare degli dei. E poi, io sono piemontese.

Le Bar: È DOC, capito? DOC!

Piantala!

BEPPE: Nella giusta misura si può fare tutto, ma le vampate sono legate ai picchi glicemici, e il vino contiene zucchero, con tutto quello che ne consegue e che abbiamo detto. In più, l'alcol è tossico come lo zucchero.

Mannaggia. Però almeno un pochino se ne può bere.

BEPPE: Fra l'altro, l'insulina a livelli elevati è responsabile dell'invecchiamento dei tessuti muscolari, oltre a influenzare l'energia fisica, l'umore, la concentrazione... Dukan, l'ideatore della famosa dieta che porta il suo nome, non aveva torto a dire di aumentare sensibilmente le proteine: quanto meno in zona menopausa, è una buona idea... È rischioso però intraprendere una dieta senza fare degli esami o farsi affiancare da un esperto.

Certo che è pure oneroso questo passaggio della vita: devi andare da uno specialista, fare le analisi, sperimentare, trovare...

BEPPE: Forse può costare un po', ma ti farà risparmiare in futuro, nel senso che ti costerebbe di più stare male.

Molti anni fa, durante la mia formazione professionale, ho incontrato un monaco che mi ha detto: «Sii virtuoso a casa, così quando esci potrai essere un leone».

Se lo trasliamo in ambito scientifico, questo atteggiamento è perfetto per il fegato: significa tenerlo pulito senza farlo addormentare. Per il monaco, naturalmente, si trattava anche di qualcosa di spirituale; in effetti, tutte le religioni – cristiana, ebraica, musulmana e persino quelle politeistiche – hanno regole alimentari: nutrirsi correttamente significa anche cibare adeguatamente lo spirito.

Un'amica mi ha chiesto come faccio a non «menare» quelli che sono in cura da me e non seguono le indicazioni, fanno disastri, si comportano da sciocchi. La risposta è semplice: fanno così perché non sono ancora arrivati a quel punto lì. Ci arrivi se riesci a trovarti. E parliamo di autostima, ma anche di capacità di supervisionare te stesso, di migliorarti.

Seguo molte donne in menopausa, e c'è una cosa che voglio sottolineare: dovete cercare di essere toste come solo voi donne sapete essere.

Ti ricordo che Ginger Rogers e Fred Astaire ballavano la stessa cosa, solo che Ginger lo faceva sui tacchi e camminando all'indietro.

Le Bar: Ecco la veterofemminista (detto da una che balla come un ragno).

BEPPE: Per questo presto particolare attenzione alle donne in zona menopausa, perché a volte perdete quella scintilla fondamentale che avevate durante il ciclo, quando vi sentivate bellissime.

Proprio bellissime, durante il ciclo, magari anche no.

BEPPE: Ma vive sì. La menopausa, come ogni cambiamento, apre al nuovo, è a suo modo un momento vitale, in cui si può migliorare se stesse. E questo significa guardare cosa c'è nel piatto che mangiamo, ma anche fuori dal piatto.

Davvero hai visto delle donne migliorare in menopausa?

BEPPE: Tante, anzi tantissime. Per esempio, cambiando alimentazione si regolano i livelli di insulina, si abbassa l'infiammazione, migliora il microcircolo, i tessuti ne beneficiano e poi si va a cascata: migliorano l'umore, la concentrazione, l'energia... la vita.

Negli anni lo sguardo sull'alimentazione è cambiato, siamo passati dal cibo preventivo al cibo curativo, al cibo spirituale.

E qui un piccolo brindisi ci starebbe bene.

Le Bar: E ti pareva, siamo nella piena spiritualità, ci stiamo elevando... D'altronde, se scrivessi che sei astemia i tuoi amici che leggono penserebbero di avere sbagliato libro.

Questo amore... liquido[*]

[*] Martina Trani, proprietaria di *Sexsade*.

Le Bar, non ci posso credere, levati quella roba, dai.

Le Bar: No!

Ma cosa ti sei messa in testa?

Le Bar: Perché?

Perché io conciata così da Martina non ti porto. Sei ridicola.

Ecco, l'ho detto. E secondo me sei anche un po' insolente.

Le Bar: Secondo me, invece, mettere il casco da minatore con la luce è quasi una forma di rispetto. E comunque è in tema.

E poi parli proprio tu, che ti metti le orecchie in testa?

MARTINA: Mi dispiace, Paola, le orecchie rosa sono finite. Anzi, devo riordinarle che vanno via come il pane.

Discutendo con Le Bar non mi sono accorta che sono già arrivata davanti alle vetrine della boutique della mia amica Martina, che ha lasciato, come direbbe Paolo Conte, «la porta aperta davanti alla primavera».

Meno male che la vedo solo io Le Bar (che, ovviamente, fa spallucce ed entra prima di me, andando ad accomodarsi sui divanetti rosa davanti ai camerini per godersi meglio il film. Che giusta!

Ho appuntamento anche con E., un'amica che non vedo da molto, molto, molto tempo. Saputo che venivo qui, ha colto l'occasione... Ma guarda un po'. La curiosità è donna? Solo che – la vanità va sempre sottobraccio al pudore – E. mi manda messaggini da fuori neanche fossimo in un vecchio libro di Ken Follett. «Sono qui, ti aspetto», scrive.

Allora entra!

Perché indugia? Eh...

Le Bar: Chissà perché...

Semplice, perché la boutique di Martina è un sexy shop. Ora però non aspettatevi un megamall di maschere di pelle nera e fruste, magari con dentro gente – più o meno tutti uomini – che si guarda di sottecchi.

Siamo in una boutique con le vetrine sulla strada,

abbastanza in centro a Milano, zona Porta Venezia, grandi lampadari di cristallo e donne, davvero di tutte le età, che guardano la lingerie. Ogni tanto si avventura anche qualche ragazzo che compra, a volte con una certa sicurezza, e tutte sbirciano che cosa (la curiosità è donna, l'ho detto, vero?).

L'occhio, comunque, corre subito al soppalco, dove c'è la lingerie in lattice. Io ho preso un reggiseno rosa confetto che ho abbinato a un frac con le code, sempre rosa, che mi ha prestato il mio amico Maurino. Sto divagando? Comunque, a seguire ci sono i sex toys, quindi gli oggetti per il bondage.

Cuore pulsante di questo crocevia di «ragione e sentimento» è, ve lo dicevo già qualche riga più su, Martina, nostro Virgilio in un pomeriggio un po' diverso con un'altra amica, E. appunto, con cui la tisana la berrò dopo, suvvia.

E. prende posto, senza saperlo, di fianco a Le Bar, che nel frattempo sta provando le diverse gradazioni della sua lucetta. La guardo furente, quindi fingo indifferenza. Lei pure.

MARTINA: Questo è un posto dove magari non hai bisogno di niente.

Le Bar: Ma dove magari hai bisogno di tutto.

Finalmente una frase sensata, Le Bar! Sembrava che la tisana l'avessi già bevuta, quella al gin tonic, però.

MARTINA: In ogni caso, io ho pensato a questo posto come a una coccola, dove trovi lingerie che ti fa sentire più bella... Qualche ragazza che viene qui dice: «No, non compro niente perché non ho nessuno». MA NOI NON SIAMO MICA NESSUNO! Al mattino, quando ti metti un bell'intimo, ti guardi allo specchio e pensi: Ma che bella che sono, come posso resistermi? È una gran botta di autostima, no? E quella non si compra.

Mah, a me non capita tanto spesso. La mattina davanti allo specchio non penso come prima cosa: Ah, che bella. Ma può diventare un esercizio da fare con costanza.

Le Bar: Disse il Pablo Picasso della prima ora.

Oggi è di una simpatia... 😊
Intanto E. pare ipnotizzata, e neanche siamo arrivate davanti alla vetrina dei sex toys. Siamo, piuttosto, ancora in vista delle tende di velluto rosa dei camerini. Però, dato che abbiamo parlato di sex toys...

MARTINA: Questo è un luogo dedicato un po' di più alle ragazze, dicevo. E i sex toys che scelgo sono belli da vedere e pure «carini», come dire, non sono invadenti.

Le Bar: Peccato.

Uffa, Le Bar.

MARTINA: La scelta estetica, dal mio punto di vista e secondo la mia esperienza, vuol dire tanto. Anche in coppia, avere a che fare con dei sex toys che sono proprio toys, giocattoli, un po' aiuta. Altrimenti l'uomo, magari, si trova messo a paragone...

Mica ci avevo mai pensato, sai?

MARTINA: Ma anche noi single, se prendi un dildo molto simile, molto somigliante, è come ammettere che ti manca quella roba lì. Così, non scelgo mai giochi dall'aspetto arrogante. E poi, ripeto, se li usi in coppia, l'uomo magari si trova in competizione, guarda la forma, il colore, il centimetro in più.

Maddai, mai capitato.

Le Bar: Così sembra che usi cose stratosferiche, sai?

Sei matta, Le Bar.

Le Bar: Sì!

MARTINA: O magari hai a che fare con uomini molto sicuri di sé.

E.: Noi ci misuriamo il girovita, loro...

117

Mi sa che E. sta cominciando a prendere le misure anche del posto dove si trova. E pare che non le dispiaccia per niente. Ma torniamo ai toys.

MARTINA: È ovvio che le forme anatomiche devono rispettare il Tetris.

IL TETRIS.

Le Bar: Sono stata campionessa mondiale, totale e globale del videogioco negli anni Novanta.

Stavolta non hai capito, bimba.

MARTINA: Intendo che l'incastro deve essere quello, per forza, però il fatto di essere un gioco colorato alleggerisce i toni. Così, se uno se lo trova per casa... Può quasi essere un oggetto di design.

Tu dici da esporre sulla libreria in salotto?

Le Bar: Massì, P, puoi metterlo di fianco alla scatola del gioco La ruota della fortuna. *Pensa come figurerebbe tra te, Mike e il tabellone... Anzi, già che ci siamo, io cambierei anche la frase da indovinare sulla scatola. Userei quella del signor Giancarlo: le amazzoni «vinsero numerose battaglie grazie alla loro f**a».*
Secondo me ci starebbe da Dio. 😌

Quando l'estetica si fa etica.

MARTINA: Ma perché no, perché no?

Potrebbe essere un'idea.
Toglimi una curiosità: la richiesta cambia a seconda dell'età? E che cosa comprano di più le clienti?

MARTINA: Faccio una premessa: a mio parere, sia le ragazze più giovani sia quelle un po' più grandi non ricevono informazioni abbastanza dettagliate. Molte volte diamo per scontato che noi donne conosciamo il nostro corpo, ma ho capito che non è così tanto vero. Come pure ho capito, nel corso degli anni, che il passare del tempo non è un problema e tantomeno una tragedia: piuttosto, maggiore è la conoscenza, maggiore è il piacere.

Ma secondo te c'è differenza rispetto a quando si era più giovani?

MARTINA: Non necessariamente. Cambia la consapevolezza, certo. Di solito – anche se non sempre – dopo gli anta sappiamo quello che ci piace e quello che vogliamo.
Comunque, ognuna di noi, qualunque sia il suo desiderio, deve essere rispettata nel suo piacere e anche nell'assenza del piacere, se è quello che vuole. Il fatto che io possa o voglia vivere una sessualità un po' più

libertina, più esuberante, più quotidiana, non significa che io sia migliore di un'altra persona che ha una sessualità diversa, più pacata, molto meno frequente, magari. Almeno in questo, ognuno fa quello che vuole. E poi, dai, all'interno di una coppia le regole le decidiamo noi, non la società. Se il sesso viene fatto una volta al mese mica vuol dire che le cose vadano male.

Le Bar: Proprio bene non direi.

MARTINA: Come non significa niente farlo sempre.

Oddio, qualcosa però vuol dire.

MARTINA: Ma magari un paio di volte al mese basta e funziona, è importante che alla base ci sia la comunicazione, semplicemente. Che poi è possibile sia uno stato temporaneo, dovuto al lavoro, allo stress... Solo, bisogna essere chiari.

E.: Conosco una coppia, sono anche un po' noti, magari se ve li descrivo li riconoscete, diciamo che lei si chiama S. e lui R. Bene, quando si sono messi insieme erano appassionatissimi, amore tutte le sere. E se non capitava tutte le sere, si accusavano reciprocamente di tradirsi. Ora che sono sposati da quarant'anni, quando gli capita di farlo si fanno i complimenti a vicenda la mattina dopo. «Guarda che bravo che sei stato.» «Ma tu sei stata fantastica.»

Questo però mi conferma che si cambia, e mi chiedo se è per una questione di età o per altri motivi. Quando cominciamo a vivere la nostra sessualità c'è di sicuro più effervescenza. Si beve più volentieri un misero spumantino appena stappato che una bottiglia del miglior champagne del mondo che però è stata aperta da un bel po'. Lo spumantino ha di certo più bollicine. Allora, mi domando, perché perdiamo le bollicine?

MARTINA: Non credo sia un discorso che gira intorno all'età, qui siamo tutte oltre gli anta e percepisco un certo qual entusiasmo. Penso, piuttosto, che riguardi le abitudini della coppia.

Le Bar: L'abitudine è sempre un enorme problema per noi, vero, P?

Eh, già.

MARTINA: È ovvio che quando conosci una persona all'inizio c'è l'entusiasmo. Ma secondo me c'è anche un discorso di accettazione di sé che va fatto, a questo punto.

Noi vogliamo piacere all'altra persona, facciamo così tanto, siamo molto attente, e lì finisce che non ci godiamo il sesso. Siamo talmente concentrate sull'altro che molto spesso invece di divertirci, pensiamo: Così mi si vede la pancia, così si nota la tetta un po' scesa.

In fondo, le volte in cui fai l'amore con uno sconosciuto o con uno di cui non ti frega più di tanto, guarda caso sono le migliori... Questo perché non hai interesse a doverlo soddisfare a ogni costo, ma pensi un po' a te. Ecco, quelli sono gli orgasmi migliori.

Sembra che sia uscita un po' dal tema, ma quello che voglio dire è che secondo me bisogna cercare anche dinamiche diverse. E ognuno trova la sua. Per esempio, si può decidere di fare autoerotismo in coppia guardandosi, quindi soddisfacendo l'atto del piacere e quello voyeuristico (quest'ultimo aspetto prevale negli uomini, rispetto alle donne). Può quindi essere una dinamica che dura cinque minuti per tutti e due e va bene così.

Ogni atto, o persino ogni assenza di atto, ha le sue ragioni che vanno sempre comprese e mai giudicate. Poi ora la tivù, Internet, i giornali, i social, ti propinano cose che ti fanno sentire orrendamente in colpa, e cominci a pensare: Ah, ma io non lo faccio sei volte alla settimana, oddio.

Le Bar: Sei su sette? È come con la corsa? Un giorno alla settimana ti devi fermare?

Sei su sette è tanta roba, ragazze.

Le Bar: Meno male che ci sono le distrazioni.

MARTINA: Io, poverina, devo provare tutti i giochi nuovi.

122

Se ti serve una cavia... 😋

MARTINA: Ti uso come tester?

Adorerei.

Le Bar: Adorerebbe.

Senti, Martina, secondo te che cosa non dovrebbe mai mancare nel cassetto del comodino di una donna?

MARTINA: Il vibratore! Per me dovrebbe passarlo l'ASL: vai in farmacia, dai la tessera sanitaria e te lo consegnano gratis, come per certi farmaci. Ne va della nostra felicità. E poi rende bella la pelle.

Altri benefici?

Le Bar: Intende quelli meno immediati ed evidenti, credo.

MARTINA: Al primo posto metto la scarica di endorfine. Per me l'autoerotismo «con l'aiutino» è anche un modo veloce e piacevole per addormentarmi in fretta. È molto meglio di un ansiolitico, nessuna controindicazione, zero effetti collaterali. E poi, beh, sicuramente ti porta a una conoscenza del tuo corpo che non ha pari. Anche perché finché non sai come funzioni magari attribuisci all'altro colpe che non ha.

Spesso sento dire: «Non è capace a fare sesso», penso: Ma come si fa a dire una cosa del genere? Ma che ne sai? Per dirvene una: di solito per trovare il gioco perfetto per una ragazza – ognuna fa un po' storia a sé, lo sappiamo –, chiedo com'è il clitoride, se è più o meno sporgente, per esempio. Molte, ehm, alcune non lo sanno.

E.: Ma come fai a consigliarle?

Le Bar: Hai capito, E.! Campionessa del mondo di domande solo in apparenza ingenue.

Guarda che la malizia è solo nella tua testolina. E spegni quella luce, Le Bar, ti prego.

MARTINA: In ogni caso, certe volte si possono dare risposte semplici anche a domande difficili. Nel caso una non sappia nulla di sé, si prende un gioco a 360 gradi, come il «succhia clitoride», che poi si chiama così ma è sbagliato, perché è un vibratore esterno che emette onde di pressione. Non è altro che una spinta d'aria, non ha nessun risucchio. Ecco, questo è diventato il prodotto dell'anno, voi che ne pensate?

Prodotto dell'anno.

Le Bar: Confermo!

E.: ...

MARTINA: Io credo che la consapevolezza aiuti a liberarsi dai tabù, però, ragazze, bisogna «assestare», sistemare. Se le cose cambiano, cambiamo anche il modo di affrontarle: si parla di secchezza vaginale in menopausa come fosse una malattia, ma grazie al cielo esistono dei lubrificanti che risolvono il problema.

Tu consigli quelli a base di acqua?

MARTINA: No, io suggerisco lubrificanti a base siliconica composti da un unico ingrediente: dimeticone. La base acquosa si asciuga dopo tre battiti di ciglia, è più o meno una saliva a pagamento; va bene a trent'anni, forse, quando hai brevissimi periodi di interruzione di lubrificazione, per chi è in menopausa la cosa è ben diversa.

Sì, a un certo punto si passa dalla foresta pluviale alla savana...

MARTINA: Vi do una dritta: usate i lubrificanti per giocare. Non andiamo a nasconderci in bagno, no ragazze, «spalanchiamo le zampine» e utilizziamo il lubrificante nei preliminari. Agevola noi e diventa motivo di divertimento anche per l'altro. E poi non ha sapore né odore.

Non ti lascia l'amaro in bocca. 😬

Le Bar: Esattamente quello che ho pensato io.

Che poi magari un uomo pensa che sia colpa sua se devi usare il lubrificante, allora che fai? Gli spieghi: guarda, sono in menopausa e per me non funziona più come funzionava prima?

MARTINA: Il maschio è un tipo semplice, di solito, quindi è abituato a mettere insieme le due cose (sei eccitata solo se sei foresta pluviale). Non è così, una può essere supereccitata ed essere savana. E questo vale a tutte le età, mica solo in menopausa.

Le Bar: Comunque quando vai in menopausa anche la pelle si secca, ci si rinsecchisce un po' ovunque...

La poesia secondo Le Bar.

MARTINA: Se vuoi lo ripeto: questa non è una condizione esclusiva delle donne mature, può succedere anche alle ragazze più giovani, ma non dobbiamo viverla come una limitazione e tantomeno come un handicap. Diventa più difficile? Abbiamo tutti i nostri prodottini da provare.

E poi, il tempo che passa ha i suoi bei lati positivi, che stiamo scoprendo piano piano.

MARTINA: Secondo me è sempre essenziale il viaggio verso l'accettazione, e quello non si fa nello spazio, ma nel tempo. Sei arrivata a quaranta, cinquanta, sessant'anni? Se ti senti addosso dei pesi, cerca di alleggerirti.

Io però conosco anche delle donne, e non sono poche, che dicono: «Che bello, non ho più il ciclo, sono libera». Può essere anche quello un rilancio per se stesse e per la coppia, no? Altre, invece, purtroppo vivono molto male questo passaggio, e allora possono avere davanti l'uomo migliore del mondo ma trovano insensato anche solo il pensiero di provare... La psiche incide in maniera direi radicale sulla sessualità. Che poi, l'ho detto e lo ripeto, io rispetto tutti. Il sesso, del resto, non è mica una prescrizione medica.

Ma esistono un sacco di cose che si possono fare e usare. E certe sono anche divertenti.

MARTINA: Ci sono dei brand che hanno assecondato moltissimo questa tendenza, con creme e sieri specifici. Per esempio, esiste un trattamento estetico con il laser, una sorta di ringiovanimento... topico.

C'è poi un aspetto muscolare, per cui si possono fare gli esercizi di Kegel, se non ci sono controindicazioni.

Infine, dal punto di vista epidermico, adesso si trovano in commercio dei prodottini veramente interessanti, tipo i vasodilatatori, il vibratore liquido...

Il vibratore liquido?

Le Bar: Esiste il vibratore liquido?

E.: VIBRATORE LIQUIDO?

MARTINA: Sì, è principalmente un vasodilatatore, permette di portare sangue a tutte le aree del corpo, comprese quelle periferiche, però in questo gel vengono inseriti i fiori di acmella, che fanno vibrare la parte dove lo stendi. Puoi sceglierlo aromatizzato alla fragola, alla ciliegia, ai frutti di bosco, al cocco o alla pesca. Ora ve lo faccio provare sulla lingua. Tranquille, è solo un gioco, che però serve a renderci un pizzico più sensibili.

Già, un gioco. E proprio come il gioco che dura da quando nasciamo finché si chiude il sipario, è più bello e intenso se abbiamo una percezione più profonda di noi stesse e del mondo.
Per me alla fragola.

Le Bar: Due gusti diversi, per favore.

E.: Anche tre.

Per la stampa
sono una cinquanta special[*]

La casa di Azzurra è piena di luce, siamo sedute intorno al grande tavolo rotondo. Ci facciamo un caffettino, come sempre. Se dici di no al suo caffè lei ti chiede se non ti senti bene. Così faceva sua nonna, così fa lei.

Azzurra l'ho conosciuta quando mi ha intervistata al Teatro Manzoni di Milano, fra una chiacchiera e una risata le ho detto che ero andata in menopausa anticipata. Oddio, non è mica un segreto che custodisco gelosamente.

Le Bar: Beh, mi sembra piuttosto chiaro, ormai.

Non abbiamo sempre bisogno del tuo, come dire, pronto intervento. Comunque, prima di questo libro non è che lo urlavo ai quattro venti.

Le Bar: Soprattutto, non ne parlavi con la prima giornalista che passava di lì.

Ma che dici?

AZZURRA: Grazie, Le Bar.

Ah, la senti?

AZZURRA: Ho questa immensa fortuna, mi sa. 💀

Comunque, quando ti ho raccontato della mia menopausa anticipata, hai fatto un salto sulla sedia. E hai spalancato gli occhioni.

AZZURRA: Fino ad allora – mi sa che parliamo già di un paio d'anni fa (e le cose, comunque, cambiano velocemente) – era un argomento tabù per le donne. Figurati per le donne di spettacolo.

Ma come mai, secondo te?

AZZURRA: Hai presente la battuta di Goldie Hawn nel film *Il club delle prime mogli*: «A Hollywood ci sono solo tre età: bambola, procuratore legale e *A spasso con Daisy*»? Tu ti ricordi solo della bambola e di Daisy.

Le Bar: Ca**o, è vero.

AZZURRA: Grazie, Le Bar. Sai, P... posso chiamarti P?

Ma certo, peraltro hai il privilegio di sentire Le Bar, qualcosa vorrà pur dire.

AZZURRA: Sai, P, ho l'impressione, da un osservatorio abbastanza privilegiato – quello del settimanale per cui lavoro –, che finora desiderabilità e fertilità siano andate un po' di pari passo. E che una bella donna di cinquant'anni per certi media sia ancora adesso una notizia. (Non per il mio giornale, saranno dieci anni che scrivo di cinquantenni ruggenti.)

Ti faccio un esempio: il fatto che la Cuccarini balli e canti *La notte vola* a Sanremo, che sia fantastica a cinquantasette anni, le ha fatto guadagnare copertine e interviste in cui svelare i suoi segreti di bellezza. Che poi sono sempre gli stessi, quelli che ripetono in decine di interviste anche Jennifer Lopez e Gwyneth Paltrow: attività fisica, vita sana, equilibrio interiore, DNA fortunato, alimentazione attenta, soddisfazioni – anche sessuali –, impegno e divertimento.

Comunque, io ultimamente in giro non vedo tanti Titanic (donne derelitte) di cinquanta o sessant'anni; al contrario, vedo donne bellissime e desiderabili, per strada come sui tappeti rossi. Ma guarda Michelle Yeoh che vince l'Oscar e dichiara: «Non permettete a nessuno di dirvi che avete superato l'età dell'oro»… E Sandra Milo, che ha compiuto novant'anni ed è veramente un mito, ha una grande apertura mentale. L'ho intervistata più volte, mi ha detto che ai suoi tempi funzionavano le donne «con un pensiero piccolo», ma te lo assicuro, è un genio.

A proposito di Lorella Cuccarini e *La notte vola*, quella canzone era la sigla del mio primo lavoro televisivo. Sì, ho partecipato a un programma condotto dalla Cuccarini: *Odiens*...

Le Bar: Non lo racconterei tanto in giro, correva il 1989 e questo ci data moltissimo.

Io ero nel gruppo delle ragazze, eravamo in otto, vestite di nero, ci facevano correre sulle scale, anche perché così si muovevano un po' le curve. Attraversavamo lo studio di corsa, perciò ci chiamavamo Le Littorine.

Le Bar: Non so, ecco, mi sa che non racconterei neanche questo, sai?

Esatto, oggi... non sarebbe possibile fare una cosa del genere, sarebbe impensabile. E dire che io mi divertivo così tanto.

Le Bar: Beata gioventù, quando non capivi niente e quindi avevi capito tutto.

Azzurra: Intanto c'è da dire che il tempo non passa solo per farci dispetto. Chi, come noi, ha cinquant'anni o giù di lì ha un bel vantaggio: tutte le cose veramente idiote le ha fatte prima dell'avvento di Internet, dunque ci sono poche prove o anche nessuna prova. Secondo me, di foto delle Littorine non è pienissimo il web.

Comunque, a tal proposito, credo che il *politically correct* sia un freno poderoso alla creatività. Tempo fa ho intervistato – sempre al Teatro Manzoni – Serra Yılmaz, hai presente l'attrice di culto di Ferzan Özpetek? Ecco, in quell'occasione ho scoperto che per anni lei ha lavorato come interprete per il Consiglio d'Europa, e senti che cosa mi ha detto: «Il papa e i presidenti sono persone umane come me, non sono impressionata.

Certo, poi ci sono dei personaggi, se parliamo dei politici, che hanno un loro fascino preciso perché è con quello che sono stati eletti, ma se faccio un'analisi molto fredda non è che mi piacciano fino in fondo. Mitterrand era una persona molto colta, chiacchierare con lui di letteratura e di teatro era molto piacevole. Questo in genere manca ai politici di oggi, credo... C'è una diffusa ignoranza, non sanno nemmeno come comportarsi, dicono cose che non si possono sentire, non hanno quell'educazione e quell'eleganza che nascono dal coltivare altri interessi.

Avere larghi orizzonti aiuta a fare bene il proprio lavoro.

Insomma, c'è troppo *politically correct* perché c'è poca educazione. E questo ha ucciso l'umorismo. Ma l'aberrazione di voler correggere i romanzi di Roald Dahl?»

C'È TROPPO POLITICALLY CORRECT PERCHÉ C'È POCA EDUCAZIONE. Questo lo scrivo bello grosso.

AZZURRA: E sul tema, facci caso, non possiamo prendere in giro nessuno, non si può fare ironia su religione, differenze di colore della pelle, omosessualità, disabilità... Su nulla. Però, sull'età delle donne si può dire e si dice tutto. E così si prende in giro Madonna perché di un'età certa e troppo rifatta, e si ironizza su Mina perché di un'età certa e per niente rifatta. È capitato poco tempo fa sui social, nello stesso giorno.

Ma lo sai che cosa mi è successo l'altra notte «scanalando»? Saranno state le due o le tre, becco un tizio secco, camicia di jeans del '15-'18, occhi piccoli, nasone, diceva di essere un comico, mah... A un certo punto se ne esce con la battutona: «Certo che gli anni delle donne dopo i cinquanta vanno contati come quelli dei cani».

Secondo me è il cugino di quello che ha chiesto a Samantha Cristoforetti, prima che partisse per l'ultima missione spaziale, come avrebbe fatto con i bambini.

Le Bar: Collega tuo, Azzurra, giornalista.

AZZURRA: Piano con le parole, Le Bar.

Il fatto che Azzurra ti senta comincia a essere veramente uno spasso, sai Le Bar?

AZZURRA: In ogni caso, invece di spaccare un baby monitor sulla testa del mio collega, AstroSamantha ha risposto tranquilla: «Ci penserà il mio compagno». Dando una bella lezione di comunicazione anche a noi donne: non farci caso, non dare peso, nessuna importanza, «surfarci» sopra. Non è facile, magari per farlo con reale nonchalance ci vuole una che ha un curriculum di duecento pagine come la Cristoforetti, che parla il cinese e il russo come io parlo il dialetto abruzzese.

Ogni tanto la tentazione di vedere un asteroide che rimbalza sulla testa del giornalista amico tuo per finire su quella del comico amico mio, ecco, io francamente ce l'ho.

AZZURRA: A chi lo dici. Chiudiamola così, con un asteroide e un minimo di dignità.

Però questa nuova forma di risposta non è mica male. Anzi, è interessante.

Visto che siamo partiti dalla Cristoforetti, torniamo sulla Terra, dalla cantante Lizzo, il contrario di tutto quello di cui abbiamo parlato finora. Lei non è quella che viene esattamente individuata come «una donna bellissima», di solito. Tanto per dire una cosa *politically incorrect*. In ogni caso – piccolo spunto dal mio mestiere – per individuare una tendenza, anzi un «vento caldo», devi cercare ovunque e unire i puntini, nella cultura alta e nel pop, pure nel trash e nel camp e nel cringe (per chi sa che cosa voglia dire tutta questa roba), nella scienza, nella politica, nel cinema, nella tivù...

Così, anche se non ti pare possibile, Lizzo, che è una cantante di colore abbastanza giovane – è nata nel 1988 – ed è oversize, ha qualcosa a che fare con la Cristoforetti. Per quanto sia «pesante» (parola sua), anche lei «surfa» che è una meraviglia. La sua canzone *Special* sintetizza alla perfezione quello che stiamo dicendo. Ha un testo molto intenso, parla di discriminazione: «Mi giudichi perché sono nera e pesante... Come fai a scagliare pietre contro una ragazza se non conosci il suo dolore». Poi però, nel ritornello, dopo avere chiesto se è possibile immaginare un mondo dove siamo tutti uguali (nella migliore accezione possibile), canta una cosa così:

Così ho pensato di farti sapere che
Nel caso in cui nessuno te l'abbia detto oggi
Sei speciale
Nel caso in cui nessuno ti abbia fatto credere che
Sei speciale
Beh, ti amerò sempre allo stesso modo
Sei speciale
Sono così felice che tu sia ancora con noi
Ferita, ma accidenti, sei ancora perfetta.

Le interpretazioni di questo testo possono essere molte, è l'intento anche di Lizzo, come di ogni artista, che ci siano più piani di lettura in un'opera. Mi piace pensare, però, che lei dall'alto della sua intelligenza e della sua sensibilità (una che sui social avverte: «Vi rendete conto che gli artisti non sono qui per soddisfare i vostri standard di bellezza, ma per fare arte?») dica «sei speciale» a chi l'ascolta. Che significa a tutti, anche a quelli che le scrivono che è brutta, che è grossa, che è nera (come se per queste cose lei o chiunque altro dovesse sentirsi in colpa).

Le Bar: Una volta su un muro di Roma ho letto questa frase: O t'elèvi o te levi.

AZZURRA: Questa è buonissima! Credo che, di questi tempi, per essere un personaggio pubblico devi avere una pelle durissima e saperti elevare al di sopra degli altri. Prendere quello che ti serve, mollare il resto senza voltarti indietro e ringraziare persino delle offese, qualche volta (chi ci riesce ci venga a dire come si fa).

Stiamo parlando di personaggi pubblici o aspiranti santi? Ringraziare per mortificare chi ti offende? Non so se funziona. Certo che chi scrive cattiverie gratuite è frustrato. Però io di solito blocco. E mi sa che non ringrazio. Per niente. Anzi, mi parte quasi sempre il «vaffa».

AZZURRA: Gli haters, o quelli che scrivono cose orrende sui social rimanendo anonimi, i vari @96, zero follower e zero persone seguite, rendono la Rete una fogna, però...

Ecco, tornando a Sandra Milo, ricordo questa sua dichiarazione: «Ormai ho imparato ad ascoltare le ragioni di tutti, a prenderle in seria considerazione, quelle degli altri come le mie. Ho capito, alla mia tenera età, che gli altri non sono come noi: gli altri siamo noi».

Sì, ma neanche possiamo essere tutti lì a porgere l'altra guancia. Qualcuno l'ha pure fatto, in passato, ma non è andata a finire benissimo.

Le Bar: Un mondo pieno di schiaffi in faccia.

Che poi un mio amico, che è saggio, dice anche, scherzando ma non troppo: «Siamo tutti uguali», fa una pausa a effetto e poi aggiunge «Credici!»
Non possiamo mica dire che sulla bellezza non si giochi. E da sempre.

Azzurra: Ma scherzi? Su quella si basa, per esempio, una grossa fetta del mercato mondiale. Perché una bella donna non serve solo a vendere vestiti, creme e profumi, ma anche caldaie, turbine elettriche, automobili, insaccati... Aggiungi quello che vuoi alla lista. Senza contare che una donna compra, per sé e per la famiglia, quindi come consumatore è sempre più interessante di un uomo.
A proposito di insaccati, mi viene in mente un episodio che mi fa ridere (e pure piangere), capitato a un personaggio pubblico. Doveva partecipare a una festa

di paese, e il suo manager aveva stretto accordi con un tizio che produceva prosciutti. Senza dirle niente, le timbrò sulla coscia il marchio dei prosciutti. E lei ballò per tutta la notte, coscia bene in vista, inferocita. Ma anche a te sono capitate delle vicende simili?

Io quel timbro sai dove glielo avrei messo?
Poi, come dicevi tu, sono stata così fortunata da aver fatto le cose più idiote prima dell'avvento di Internet.

Le Bar: E mica solo professionalmente.

Fatti i fatti tuoi.

Le Bar: Che sono i tuoi.

Devi farti i fatti tuoi!
Torniamo alle donne. Alle donne di un'età certa, che è pure meglio.

AZZURRA: Allora senti questa: c'è in giro un reality americano che si chiama *House of Milf.*

No, ti prego, Milf no. La parola mi fa orrore.

Le Bar: Persino a me fa orrore.

AZZURRA: Direi che nella classifica degli acronimi più brutti del mondo si piazza al secondo posto.

E al primo?

AZZURRA: Non lo so, ma è talmente brutta che arriva al massimo al secondo posto.

Le Bar: Questa è una battuta vecchia, la si faceva per lo scemo. Sei talmente scemo che in una gara di scemi arrivi secondo.

Quante volte al giorno dobbiamo dirti di farti i fatti tuoi?
Ma perché quella parola orrenda nel titolo? Perché ci sono le cinquantenni?

AZZURRA: Se pensi che non sia possibile, ebbene ti dico che sì, quelle otto signore sono pronte a trovare l'amore fra i figli delle altre.

Ma qui non c'è fondo, stiamo precipitando in caduta libera.
Le Bar, ti giuro che se ritiri fuori il caschetto da minatore con la luce...
Eppure qualcuna è disposta a prestarsi a queste cose, per fare scandalo e scalpore, così si parla del reality.

AZZURRA: E questo è normale, è lecito e lo fanno tutti. Ma bisogna vedere la deriva degli atti che vengono compiuti.
Ora, Lizzo che si presenta in lingerie provocante

sposta un po' più in là il concetto di quello che è desiderabile da un punto di vista estetico. E qui l'etica e l'estetica finiscono per toccarsi. Perché fino a ieri, ma fai anche fino a qualche ora fa, le donne dovevano essere desiderabili e non desideranti. E sempre in una maniera accettabile per le altre donne. Poi, signore dello spettacolo che si sono mostrate tenendo al guinzaglio ragazzi più giovani lo hanno fatto di certo per far parlare di sé, ma hanno anche, volontariamente o meno, portato più avanti il confine della morale comune. E a volte sono andate ben oltre. Vivaddio.

E perché allora le donne di *House of Milf* non potrebbero ottenere lo stesso risultato?

Azzurra: Perché nel reality è tutto un puntare il dito contro i modi inopportuni delle signore, che non sono solo donne ma sono pure madri. Perciò l'esperimento, che voleva essere audace, diventa il suo esatto contrario. E le donne, in questo guazzetto edipico, finiscono per essere tutte giudicate. Senza possibilità di appello.

Che tristezza, però. Siamo sempre punto e daccapo.

Le Bar: Comincio a sentire un po' di nostalgia per Le Littorine.

Anch'io. Almeno noi ci divertivamo come matte, te l'ho detto, no?

AZZURRA: Certo, P, ma il nostro rimane un Paese dove le regole sono ancora un po' truccate. A parità di ruolo, gli uomini guadagnano dal 20 al 30% più di noi, una donna su tre che lavora non ha un suo conto corrente, gli uomini che richiedono il congedo parentale li conti sulle dita di una mano. Ok, l'ultimo non è un dato preciso, ma la legge dovrebbe stabilire che fra genitori si fa a metà. Sennò, siccome faccio un figlio, in Italia e di questi tempi, altro che darmi il 20% o il 30% in meno, devi pagarmi il doppio.

Beh, «un po' truccate» mi pare un eufemismo.

AZZURRA: Però nella nostra Costituzione – che è un'opera d'arte, come ci ha dimostrato Roberto Benigni – si nomina ben tre volte la condizione della donna. A partire dall'articolo 3, che bandisce le discriminazioni di sesso, oltre che di razza, di lingua, di religione, di opinioni politiche, di condizioni personali e sociali.

E ora, a distanza di quasi ottant'anni, mi pare di essere nel posto giusto al momento giusto e, dai, pure con l'età giusta. Per fare, dire o scrivere qualcosa che magari cambi anche minimamente il punto di vista.

AZZURRA: A me piace molto la frase, ora spesso ripetuta in politica (e non è un male), tratta dal titolo del libro di Lisa Levenstein: *They didn't see us coming.*
Non ci hanno viste arrivare.

Allenati alla felicità*

E così, nel bel mentre della stesura di questo libro, me ne vado in vacanza. Non è una fuga, ci mancherebbe, avevo deciso da prima di iniziare a scrivere che alle soglie della primavera mi sarei presa dieci giorni più o meno tutti per me, al caldo. Dunque, quattro ore di volo ed eccomi al mare. Bellissimo. Clima perfetto. Alle mie spalle le dune di sabbia, davanti le onde.

Le Bar: E i surfisti non li nomini? 😝

Ma il libro mi mordicchia il lobo dell'orecchio. Mi chiama, mi richiama. Scrivere, ho scoperto, mi fa trovare delle risposte. E, meglio ancora, mi fa scoprire nuove domande. Chi l'avrebbe detto?

Le Bar: La verità è che qui sull'isola hai incontrato Jill Cooper e, piuttosto che allenarti col sergente di ferro, lavori al libro.

Guarda, se non stai zitta... Vedrai, faremo entrambe le cose.

Come al solito provo a chiudere in fretta la discussione con Le Bar, senza riuscirci.

Ed ecco che arriva Jill. È bella, slanciata, le gambe perfettamente disegnate, il suo fantastico *american smile* che prelude a grandi sudate. L'ho conosciuta ai tempi di *Buona Domenica*, mi allenava tre, anche quattro volte la settimana, mi ha praticamente ridefinito il corpo. Diciamo che la prima volta che mi aveva vista mi aveva trovata, come dire, un po' «morbida».

JILL: Ricordo che avevi perso un po' di chili, ti eri molto rassodata nei primi due mesi di allenamento.

È vero, quell'anno ho sviluppato un sacco di muscoli, tu mi hai messa veramente in forma, sei stata bravissima...

Le Bar: Ricordati bene, P.

Eh sì, quando sapevo che dovevo incontrarti non ci dormivo la notte, eri un militarone...

JILL: Tuttora sono un militarone. Non è cambiato niente.

Ogni volta ti mandavo al diavolo, ti dicevo che eri una str***a.

Le Bar: Ah, se è per questo i tuoi vaffa erano core-ografati a Broadway e sulle note di un'orchestra di trenta elementi, ottavino compreso.

Jill: Non sono str***a, sono utile.

In effetti, me lo dicevi allora, me lo dici ora.

Jill: E i risultati li hai ottenuti e tenuti.

Penso spesso al fatto che i muscoli hanno una memoria, anche perché così Le Bar può fare la sua battuta.

Le Bar: I muscoli hanno una memoria. Almeno quelli.

Jill: Questa non l'avevo mai sentita.

Me la ricordo persino io che dico di avere la memoria della pesciolina Dory.
Comunque sarà il caso di mettersi al lavoro. E visto che per una volta conduco io la danza con Jill, parto con la mia domanda.
Come cambia o dovrebbe cambiare il nostro allenamento a cinquant'anni o giù di lì?

Jill: Molto. In effetti quasi tutti, arrivati ai fatidici cinquanta, hanno problemi articolari, quindi dobbiamo modulare la nostra attività fisica, allenarci in maniera meno aggressiva.

E questa mi sembra una buona notizia.
Però dicevi che questi problemi sono molto comuni.

JILL: Circa l'80% della popolazione mondiale dopo i cinquant'anni ha problemi alle articolazioni.

Le Bar: E te pareva, ecco la stangata. Conoscendo Jill, la prima della serie.

JILL: Poi c'è un altro problema che si manifesta con l'età, la sarcopenia, cioè la perdita graduale della massa magra, che comincia intorno ai quarant'anni. È allora fondamentale allenare i muscoli, figurati che è ancora più importante del lavoro aerobico.

Sul tema, intanto, teniamo a mente tre cose: il metabolismo, la massa magra – che aiuta a mantenere la calcificazione delle ossa – e la terza cosa... Hai presente quando vedi i vecchietti che fanno fatica, un po' piegati? Ecco, si tratta di «fragilità anziana», o «fragilità matura», e quello è il punto di arrivo, ma la partenza è a cinquant'anni. Per questo non ti faccio più fare tanti *burpees*.

In pratica, a cinquanta comincia il declino? Sento che mi sta salendo un filo d'ansia.

JILL: Ma no, è che perché non inizi il declino bisogna agire. Guarda te: io ho allenato tante belle e bellissime, ma tu sei una delle più belle, questo va detto. E resti tale.

Le Bar: Non cominciare a dire che 'sta cosa non la scriviamo perché alla nostra età noi la mettiamo e pigliamo e portiamo a casa. Chiaro, P?

Sei l'ego che non ho mai avuto!

Le Bar: E me ne vanto. Tu e Jill potete tornare, che ne so, ai fatidici cinquant'anni, alla menopausa, quel che vi pare, io ora devo guardarmi allo specchio: sono, del resto, la donna più bella che ha allenato... L'ha detto lei.

JILL: Hai detto menopausa?

Se ti sente anche Jill sei rovinata.

JILL: Comunque, la cosa più importante nell'affrontare il primo periodo della menopausa, soprattutto quello, è allenare la costanza. Io faccio questi ormai famosi cinque minuti al giorno su Facebook – è scientificamente provato che è meglio allenarsi dieci minuti tutti i giorni che un'ora alla settimana –, perché il mio lavoro è anche motivare, oltre che allenare, tentando di insegnare alle persone che con la costanza il corpo non invecchia. Io non faccio esercizio fisico per essere bella (anche per quello, certo), ma soprattutto PER ESSERE VIVA.

Io dopo i tuoi allenamenti mi sentivo abbastanza morta... 😩

In ogni caso, ci risiamo: che si parli di medicina, di cosmesi, di biologia, di filosofia, di qualunque cosa, questo passaggio – la menopausa – è un po' come la morte. È pazzesco.

JILL: Ma il corpo già di suo tende a risparmiarsi, lo fa dalla preistoria, e anche se ora lo stile di vita è cambiato, restano le nostre memorie ataviche, di quando non c'era tutta questa disponibilità di cibo e ci si spostava sempre sulle proprie gambe.

La macchina che è il nostro corpo oggi può non fare assolutamente nulla e avere tutto a disposizione. E, soprattutto, può avere troppo. Così questa macchina diventa una prigione: non mi alleno, mangio male e quando arriva la menopausa lascio che mi piombi addosso come un'onda d'urto. Allora sì, è quasi una morte.

Invece, credimi – oltre a un comportamento virtuoso con il cibo, gli alcolici, il sonno e tutte le cose che altri ti avranno spiegato meglio di me –, posso dirti che se nella vita di un essere umano il movimento non può mancare, non deve mancare MAI dopo i cinquant'anni. È una questione di set point.

Detta così, mi vedo in mezzo al campo con dall'altra parte Federer che ha il turno di battuta. Ho la netta sensazione che questo set point non sia esattamente a mio favore.

JILL: È natura.

Le Bar: Comunque, a me certe volte tutto 'sto naturale dà un po' fastidio... La gente si riempie la bocca con le tipe acqua e sapone: no, no, viva le ciglia finte e pure il trucco semipermanente.

E piantala. Torniamo al set point.

JILL: Allora, il set point è il «punto peso», quello legato al metabolismo basale. A vent'anni bruciamo 1.200 calorie al giorno semplicemente per «stare accesi», però il metabolismo basale invecchia dell'1% all'anno, quindi dopo dieci anni siamo al 10%: se a vent'anni peso cinquanta chili, a trenta comincio a pesarne cinquantuno. Questo è il set point.

Poi ci sono le circostanze: se ti innamori perdi un paio di chili, durante le feste di Natale ne prendi due... Ma se ricominci a mangiare come prima torni al tuo set point.

Le Bar: Io mangio sempre, qualsiasi sentimento mi giustifica: sono triste, mangio, sono felice, mangio, sono innamorata, mangio...

Ma mica sempre, però, dai, un pochino ci sto attenta. Jill, ti ricordi quel giorno che ho mangiato la bagna càuda prima dell'allenamento?

JILL: E come scordarcelo, sentivo il tuo odore a distanza di cinque metri.

Infatti non la mangio sempre. Con te, poi, è capitato solo una volta. Il fatto è che quella salsa è a base di olio, acciughe e una carrettata di aglio, e l'aglio ti impregna dentro, così la mattina dopo lo tiri fuori proprio dalla pelle. Figurati con te, che fai sudare anche il cuore (quindi un po' te lo sei meritato).

Le Bar: Da qui alla fine del capitolo posso chiamare il conte Vlad.

No.

Le Bar: Non era una domanda.

Mi stai distraendo, quasi quasi preferisco Federer che mi impallina. A proposito, torniamo al set point.

JILL: Vedi, Paola, nel corso della vita incontriamo tre «dissuasori di velocità», tre freni metabolici. Il primo intorno ai quindici/sedici anni: fino a quel momento il corpo ha avuto un metabolismo molto veloce perché stavamo crescendo in altezza, poi però rallenta gradualmente. Fino a venticinque anni continuiamo a svilupparci, dopo di che il nostro corpo comincia a invecchiare. A smantellare – è la parola giusta – il collagene, i muscoli, la densità ossea...

Smantellare. Jill, io ti voglio bene, tanto. E ti devo molto, ma con questa tua efficacia così *Made in USA*, ecco, quando vuoi hai veramente una buona parola per tutte. E immagino che non sia finita qui.

JILL: Infatti, manca il terzo freno metabolico, che è quello della menopausa e può essere bruschissimo. Tante donne mi scrivono che nell'arco di dodici-sedici mesi si sono ritrovate addosso otto-dieci chili in più. Quando una persona entra in menopausa deve agire immediatamente con l'attività fisica, che è un modulatore fantastico del metabolismo. Poi ognuna si allena come vuole, può e riesce.

In base alla mia esperienza, l'attrezzo che ha fatto dimagrire di più è il trampolino, che possono usare quasi tutti. Ormai nel lontano 2008 ho iniziato a lavorare col trampolino e pensavo che fosse un attrezzo ginnico qualsiasi, ma ho visto gli insegnanti, cioè persone superallenate, diventare l'estratto secco di se stessi, trasformarsi, acquistare proprio una composizione corporea diversa. C'è chi ha perso venti chili in due mesi. Una ragazza che ha frequentato i miei corsi è dimagrita sessanta chili, è diventata personal trainer e ora insegna con me.

Le Bar: E non ha bucato il trampolino?

Ma sei scema?

Le Bar: Dai, chiediglielo, secondo me ha bucato il trampolino.

Invece le chiedo se davvero possono farlo tutti. E tu taci!

JILL: Non tutti, magari chi ha problemi di schiena come te deve stare attento, ma davvero tanti. Specialmente quelli che hanno problemi articolari, che sono molti, appunto. Io, per dire, non posso più correre: ho la tendinite a un ginocchio e certe volte mi fa male anche camminare, però salto come un coniglio. Sulle molle del trampolino le articolazioni sono meno sollecitate, non affatichi il cuore, aiuti il ritorno linfatico, abbassi il famoso set point, alzi il metabolismo e combatti l'osteopenia, che è un fenomeno legatissimo alla menopausa: è la perdita del calcio dalle ossa, con la deriva dell'osteoporosi, e se hai quella non puoi saltare... Il trampolino comunque contrasta l'osteopenia. Come prevenzione è *number one*, e poi è efficace contro la cellulite, con la pelle, il microcircolo...

Un'altra attività che consiglio è l'allenamento calistenico, quello a zero impatto, quello dove uso il mio peso corporeo come peso. Io ne ho messo a punto uno che si chiama Fluid, è un mix di Pilates e yoga, ma è più ginnico.

E ti pareva.

JILL: Il corpo viene utilizzato come un peso, dicevo, e non ti faccio fare recuperi per trenta minuti. Per mezz'ora non ti fermi mai, non usi pesi ma ti tengo sempre in movimento. A un certo punto puoi persino cominciare a tremare. Ed è una cosa che piace da morire.

A me non tanto.

Le Bar: Ecco, morire è la parola perfetta, mi sa.

Ma torniamo al famoso trampolino, che forse io sono fra i pochi che non possono usare, mannaggia...

JILL: Sapessi come funziona per «rompere il fiato». Quando cominci ad allenarti per fare, che so, qualche gara, tipo una mezza maratona, dovresti lavorare dalle otto alle dodici settimane per arrivare a correrla senza scoppiare. Cioè dovresti allenarti per «spezzare il fiato», che è un lavoro cardio. Con il trampolino non hai mai la lingua penzoloni, ma è un'attività cardio pazzesca che riverbera sul mitocondrio.

Eccolo, è tornato il mitocondrio, quel cosino dentro le nostre cellule che è responsabile dell'invecchiamento, quello che stanno studiando tutti...

Le Bar: Quello che vorrei sedurre ma non mi fila per niente. Hai presente quando vai al parco e vedi tutti i giorni un tipo che porta il cane e che ti piace? E che invece non ti guarda? E neanche il suo cane ti guarda? Ecco, non so se ha il cane, ma quello si chiama Mitocondrio.

Le spiegazioni scientifiche di Le Bar.

JILL: Comunque, ricordo che anni fa un professore dell'Università di Firenze mi disse: «Lei, signora, sta ringiovanendo con quel salta salta». Con il trampolino la produzione mitocondriale è talmente amplificata... E come conseguenza magnifica c'è anche il fatto che sale il metabolismo. Col trampolino puoi bruciare fino a 1.000 calorie l'ora, sai?

Facendo una sontuosa fatica, immagino, ma non è che puoi curare l'estetica e basta, questo ormai l'abbiamo capito. Alimentazione, integratori, ormoni, il tutto fatto con intelligenza...
E poi divertimento e, certo, allenamento: non ha senso avere un bel packaging, se poi la scatola è vuota.

JILL: La menopausa va affrontata con coraggio, trovando le soluzioni. E le soluzioni ci sono. Poi, fare sport è divertente.

Le Bar: A chi piace.

JILL: Sostiene anche il desiderio, lo sapevi? Fare sport aiuta anche soltanto per il fatto che ti dà consapevolezza del corpo. Io, per lavoro e per gioia, mi alleno tutti i giorni e so di non essere una statua greca, ma ci lavoro tanto. Ho le gambe molto performanti, magari, però metto su i chili sulla pancia e non ho mai avuto i glutei a mandolino.

Sì, vabbè, Jill.

JILL: Lo dico per sottolineare che l'attività fisica, fra tanto altro, ti dà sicurezza. Conosci il tuo corpo, sai come sei fatta. E questo migliora il tuo modo di muoverti, l'armonia e il rapporto con le persone.

Jill, ti piacciono allenati? No, perché a me piace, diciamo, una certa fisicità...

Le Bar: Io non ho capito a chi piace l'uomo con la panza e, magari, spelacchiato. Oh, poi c'è mercato per tutti, ci mancherebbe...

JILL: Se c'è chimica, non c'è corpo che tenga.

Eh sì, Jill, parli tu che stai col surfista, mica col ragioniere... con tutto il rispetto per il ragioniere che fuori dall'ufficio può anche essere un surfista (e lo spero per lui). Vabbè, sarò immatura e magari pure politicamente scorretta, ma a me la chimica la fa venire il muscolo.

JILL: Ah, io a mio marito dopo le nozze ho detto: «Se tu rimani bello, io rimango sposata». Scherzavo. È vero che anch'io sono a rischio, ma lui di più, perché è più grande di me. Mi sono sempre piaciuti gli uomini maturi: non posso mica combattere tutti i giorni con un ventenne.

Le Bar: Ora prendo i pop-corn, che finalmente il discorso fra voi due si sta facendo interessante. E non rompete che stiamo andando fuori tema, poi ci torniamo, al tema.

No, non puoi combattere tutti i giorni con un ventenne, però con un trentacinquenne magari sì. E allora perché stiamo qui a parlare di allenamento, di voler bene a noi stesse, di sentirci belle, per poi accontentarci?

Possiamo dirlo? L'uomo è più bello fra i trentacinque e i quarantacinque anni.

Le Bar: Questa frase segnatela nelle cose da dire a una cena al Rotary. E poi è davvero politically correct.

JILL: A proposito di sentirci belle, a me dispiace vedere le giovani donne che si ritoccano tanto. Noi da ragazze eravamo naturali, lo siamo state fino a quarant'anni, poi abbiamo iniziato ad aiutarci un pochino. Ora vedo ventenni che si rifanno tutto, cosa succederà quando avranno cinquant'anni?

Le Bar: Boom. Scoppieranno.

JILL: È il mio punto di vista, per carità, ma una donna deve un po' giocare con madre natura e accompagnare se stessa nel corso della vita. Personalmente, ho capito che mi piaccio di più oggi di dieci o quindici anni fa. È così da quando ho smesso di voler piacere a tutti i costi agli altri e ho cominciato a fare cose per piacere a me stessa. Senza pensare al giudizio altrui. Mai. Sai qual è il mio mantra? «Se ingrasso io, mica diventi più magra tu.»

Ecco, questo è un pensiero, devo ammettere, abbastanza geniale. Applicabile a molti piani delle relazioni fra donne (ci pensiamo per il prossimo libro, dai).

JILL: E poi una cosa te la posso dire: vuoi vedere il corpo cambiare? Fregatene. Nel momento in cui ti rilassi, cambi: la correlazione fra mente e corpo è strettissima.

È un sistema, già: mente, corpo, anima, ormoni. È vero che non abbiamo più vent'anni, ma questo ci permette anche di sollevarci davvero dai nostri pensieri. Se guardo le mie foto di ventenne penso che non sapevo quanto ero bella. Oggi, anche se tutto non è più semplice come lo era allora, so come sono, dove sono e quello che sto facendo. E questo cambia tutto.

JILL: A trent'anni sei ancora un po' insicura, a quaranta cominci a confermarti, a cinquanta non vuoi più rotture di scatole. La donna dà, dà tutto, anche troppo, alla famiglia, agli amici, agli amori. E poi, magari, rimane pure con il cerino in mano.

In ogni caso, quando arriva alla menopausa ha una scelta: chiudere baracca e burattini e invecchiare, oppure, siccome possiamo vivere fino a novant'anni e ce ne rimangono quaranta... Forse il problema della menopausa è la paura della morte?

Per me no, io non ho avuto paura della morte, la menopausa per me è arrivata a quarantadue anni. E non ne ho paura neanche adesso che di anni ne ho cinquantasei.

Mentre ci penso, mi balza in testa un pensiero-cliché: come mai spesso l'uomo, a cinquant'anni, vuole la versione più giovane di sua moglie? Perché anche lui ha paura della morte? Non credo. Piuttosto, penso che avere di fianco una donna più giovane gli faccia dire: «Guarda, sono uno che ancora ce la fa». Mi sono spiegata?

Le Bar: Ma è la stessa ragione per cui si compra la macchina di un certo tipo e la barca di un certo tipo. Ci vuole anche la donna di un certo tipo (che io vedo come un enorme flacone di Viagra), rientra nei gadget, mi sa.

Però è anche una questione di stimoli, che sono diversi con uno più giovane. E poi, se mi metto con uno della mia età, insieme facciamo centovent'anni e dopo un po' andiamo a Villa Arzilla.

Le Bar: Magari c'è una ventenne che vuole stare sul divano a lisciare il gatto e una cinquantenne che vuole ballare fino all'alba sulla spiaggia.

Presente!

Jill: Secondo me quello che dobbiamo tenere presente è che abbiamo una vita, e una macchina che è il nostro corpo, e dobbiamo contare su noi stessi, essere felici per noi stessi e vivere per noi stessi. A quel punto diventiamo meglio disposti verso tutti: la prima persona che rende felice Jill è Jill.

Ti dico una cosa che mi ha raccontato un'amica che nel 1998 ha viaggiato per oltre tre mesi in Cina e in Mongolia. Un giorno ha incontrato un farmacista vecchissimo, che le ha detto che la donna da zero a undici anni appartiene solo a se stessa, poi diventa «del mondo», della famiglia, del marito, dei figli... A quarantanove anni, però, tutte le risorse ritornano a lei, sono soltanto sue e può usarle per evolvere.

Bello, no? Ti cambia un pochino il punto di vista sul futuro.

JILL: Stupendo. E allora ti dico anch'io qualcosa che può farti vedere il futuro in modo diverso.

Prendi il cellulare, metti il cronometro a dieci minuti e ogni minuto cambia esercizio, senza mai fermarti, tanto in così poco tempo non vai in superallenamento. Non importa che esercizi scegli, basta che tu li faccia per dieci minuti esatti ogni giorno, sette giorni su sette. Puoi anche iniziare con cinque minuti, se credi.

Come ti ho detto, l'importante è avere coscienza che il primo muscolo che dobbiamo allenare è la costanza. Vedrai che alla fine dei tuoi dieci minuti avrai un picco di dopamina, che è un neurotrasmettitore molto potente e aiuta a rafforzare la volontà.

Te lo metto per iscritto e ti firmo il documento: se fai così ogni giorno della settimana, meglio se appena ti svegli, ti verrà voglia di raddoppiare il tempo. E quello sarà il tuo tempo. L'allenamento riverbera sulla vita.

Io e Jill lasciamo la spiaggia camminando con calma, godendoci il sole e la sabbia sotto i piedi.

JILL: Sai, Paola, camminare è il movimento più naturale per noi esseri umani, non c'è niente di più sano. Lo puoi fare dal primo passo della tua vita fino all'ultimo giorno. La camminata è potente, è un gesto potente.

Dieci ragazzi (più uno) per me

*Per realizzare queste interviste
nessun uomo ha subito maltrattamenti*

Ho deciso di coinvolgere dieci uomini, più uno, diversi, per età, professione, situazione sentimentale, esperienze... Perché alla fine avevo ancora delle domande a cui volevo avere una risposta e, soprattutto, sentivo proprio la mancanza del loro punto di vista.

È stato divertente e, fra una risata e una battuta, lasciatemi dire una cosa: i ragazzi, a questo giro, mi hanno fatto anche un po' di tenerezza.

Fabio, 55 anni, pubblicitario.
Giovanni, 61 anni, docente universitario.
Daniele, 50 anni, manager.
Alessandro, 66 anni, ristoratore.
Leonardo, 52 anni, regista.
Francesco, 51 anni, imprenditore.
Massimiliano, 55 anni, fotografo.
Saverio, 46 anni, dirigente.
Giovanni, 63 anni, rappresentante.

Matteo, 36 anni, imprenditore.
Luca, 27 anni, insegnante.

Immagina una donna di cinquant'anni: com'è? Che carattere ha? Che cosa sta facendo?

FABIO: Si sta spogliando davanti a me molto lentamente, è a posto con il suo corpo, non ha nulla da dimostrare, mi guarda in un modo felino, diretto.

GIOVANNI: La immagino più risolta e appagata di una trentenne. Non è tanto importante quello che fa, ma come lo fa, nel senso che può essere casalinga, professionista, operaia, l'importante è che sia arrivata ai cinquanta amando ancora il suo lavoro. Come carattere... Di solito, curiosamente, gli uomini diventano più fragili con le donne mature, quindi vedo una donna con un carattere forte, una che tendenzialmente sa gestire i maschi.

DANIELE: La immagino femminile, decisa, determinata, sta facendo una passeggiata in montagna e la vedo realizzata nel lavoro che fa.

ALESSANDRO: Attiva, anche fisicamente, come una di quarant'anni. E pragmatica. Si sta inventando un'attività autonoma, perché con i figli grandi è più libera di dedicarsi a qualcosa che la gratifica.

LEONARDO: Sta ridisegnando se stessa nel nuovo universo sociale, perché ora può farlo e ne è capace. Finalmente.

168

FRANCESCO: Supersexy, tacco dodici, bella e in forma, carattere forte, accavalla le gambe, indossa un grande cappello, beve champagne su una terrazza assolata.

MASSIMILIANO: È forse nell'età più ricca della vita, perché è forte, determinata, consapevole e in grado di capire che cosa vuole. E tutto questo è superaffascinante.

SAVERIO: La immagino artista, musicista, in carriera. Sta vivendo una seconda vita, ha fatto pace con se stessa e si rilancia.

GIOVANNI: Di solito la donna a cinquant'anni è presa dal lavoro o dalla casa, dal suo guardaroba e dalle sue scarpe, e pensa a un attimo di evasione.

MATTEO: La immagino dal parrucchiere oppure in palestra, molto attenta a curare il corpo e a recuperare gli anni persi quando era sposata.

LUCA: Vedo una persona attiva, socievole e comunicativa, con grande esperienza di vita e maturità, che cerca nuovi interessi e nuove sfide.

E come sarà a sessanta? E a cent'anni?

FABIO: A sessanta sarà come Charlotte Rampling: ha trovato se stessa e il suo corpo, esattamente come lo ha educato e nutrito, perché è stata una donna intelligente fin da giovane. A cent'anni sarà una signora deliziosa, divertente, spiritosa, ancor più di prima non avrà nulla da dimostrare a nessuno e sarà dunque più simpatica.

GIOVANNI: A sessanta se è fortunata sarà una nonna, ma questo non vuol dire che la sua vita sentimentale sia finita. A cento sulla carta sarà vecchia? Ma chi lo sa cosa succederà fra cinquant'anni... Visto come stanno correndo le cose, non escludo che sarà mezzo donna e mezzo pesce, una sirena.

DANIELE: La vedo a sessanta come a cinquanta. Le donne sono più longeve di testa degli uomini, perciò a cent'anni sarà un bel libro da leggere.

ALESSANDRO: Se ha coltivato bene i cinquanta, credo che abbia raggiunto una serenità. Sui cento invece sono scettico: è un'età che non mi piacerebbe per nessuno, nemmeno per una donna.

LEONARDO: A sessanta, come in tutte le altre decadi dietro di sé, la immagino in preda a un terrore immenso di muoversi nei decenni successivi. A cent'anni avrà un'acuta capacità di lettura di tutti i microeventi, come un direttore di orchestra con i movimenti dei suoi orchestrali.

FRANCESCO: A sessant'anni non cambia nulla: bella, piacevole, determinata. A cento sarà ricordata.

MASSIMILIANO: Non sarà molto cambiata a sessant'anni, magari un pochino meno avventurosa. A cento posso solo augurarle di essere in salute e di avere la testa.

SAVERIO: A sessanta sarà ancora più matura, a cento non ci sarà più.

GIOVANNI: Da sessantenne la vedo col figlio ancora attaccato al sedere mentre lei cerca di ritagliarsi degli spazi suoi, anche nell'intimità, con un uomo che la capisce. Quando avrà cent'anni, ci saranno tanto amore, tanto affetto e tante pastigliette blu per il suo eventuale compagno. Per lei, ci sarà quello che può servire alle donne.

MATTEO: A sessanta non avrà più la stessa sicurezza che aveva a cinquanta, ma manterrà la stessa voglia di vivere. A cento ricomincerà il giro daccapo.

LUCA: Vedo una sessantenne tranquilla e riflessiva, con ancora più esperienza e saggezza. Potrebbe aver raggiunto obiettivi personali e professionali ed essere in una fase della vita in cui si gode i frutti del suo lavoro e delle sue relazioni. Purtroppo, a cent'anni non riesco a immaginarmela se non come una persona che ha bisogno di assistenza.

Qual è la qualità che più apprezzi in lei e il suo peggiore difetto?

FABIO: Ha una meravigliosa leggerezza. La cosa che non amo è che ogni tanto tende a essere possessiva, ma poi gliela faccio passare e lei capisce che non ha senso.

GIOVANNI: Una certa seduttività. Il peggior difetto è che parla più del passato che del futuro.

DANIELE: È capace di sorridere, nonostante tutto, alla vita. Magari però non le sta bene lo smoking...

o forse sì. Ma io non vedo difetti in una donna di cinquant'anni, non può averne, la vedo bella realizzata.

ALESSANDRO: Il senso dell'umorismo, l'autoironia e una buona dose di autocritica. Queste cose non hanno età, si affinano. Se mancano, il rischio è quello di inacidirsi.

LEONARDO: Apprezzo in lei di essere diventata consapevole, detesto che abbia una sorta di fragilità decadente sul concetto dell'essere giovane.

FRANCESCO: Ha fatto il viaggio verso di sé e non contro di sé. Non sono mai riuscito a vedere i difetti nelle donne; se ci sono, non mi hanno mai dato fastidio.

MASSIMILIANO: La determinazione e la sicurezza. Il difetto? Il loro contrario, perché si è anche sempre il contrario.

SAVERIO: La saggezza-consapevolezza, il non avere quel senso di FOMO (*Fear Of Missing Out*). Grande difetto: quelle reminiscenze di vanità, tipo quando sta ancora lì a chiederti: «Ma sono ingrassata?»

GIOVANNI: La donna è apprezzabile perché a cinquant'anni è ancora un gioiello. Meno piacevoli sono la scarsa pazienza e le reazioni assurde per piccolezze, che destabilizzano.

MATTEO: La capacità di essere libera è la qualità principale. Il difetto è la necessità di conferme (ma mi sa che è di tutte le età).

LUCA: L'empatia, la tolleranza e il rispetto. Non riesco a immaginarla con difetti.

Se ti dico menopausa, qual è la prima parola che ti viene in mente?

FABIO: Posso venire dentro.
GIOVANNI: Sesso!
DANIELE: Novant'anni. Ma forse.
ALESSANDRO: Solidarietà.
LEONARDO: Scoperta.
FRANCESCO: Non si fanno più bambini.
MASSIMILIANO: Libertà sessuale.
SAVERIO: Tristezza.
GIOVANNI: Piangere e ridere senza capire perché, soffrire il caldo e il freddo senza sapere perché, non riconoscersi guardandosi allo specchio.
MATTEO: Umore.
LUCA: Cambiamento.

La fine di un ciclo – quel ciclo lì, già – è per molte donne un momento complicato. Per te è lo stesso? Se sì, e anche se no, perché?

FABIO: Per me è un non problema, non entra neanche nel radar delle cose che mi riguardano, a meno che lei non viva la cosa in modo complicato e voglia parlarne con me. In quel caso, sono un ottimo ascoltatore.
GIOVANNI: Non è la fine di un ciclo, è l'inizio di una trasformazione. La capacità della donna si misura in questo periodo della vita: più è risolta, più riesce a ri-

solvere eventuali difficoltà. Per me non è un problema, però devo o dovrei esserci.

DANIELE: La vedo come l'inizio di una nuova avventura.

ALESSANDRO: Trovo che sia un momento complicatissimo. L'ho vissuto sulla mia pelle, con una persona che è entrata in menopausa e ha avuto molti problemi. Ora sta migliorando e sono fiero di esserle stato vicino.

LEONARDO: È una fase difficile, perché c'è una forte concentrazione sull'accettazione, ma non sulla nuova dimensione.

FRANCESCO: Non lo so, quando ne avrò esperienza la condividerò. Non vorrei però fosse vista come una cosa più grave, più «carica» di quella che è.

MASSIMILIANO: Nel caso, cerco di alleggerire.

SAVERIO: Per me non è complicato, basta prendere consapevolezza che si entra in un altro stadio della vita.

GIOVANNI: Da esterno, vivo la cosa con incredulità. Non che non ci sia comprensione da parte mia, ma è una comprensione-incomprensione, perché alla fine non ci capisco niente, mi sento totalmente disarmato e impotente.

MATTEO: Mah, io trovo più problematico l'inizio del ciclo di cui parli. Comunque, vivrei il momento con il pensiero rivolto al futuro: prima o poi finirà.

LUCA: Se vivo o mi relaziono con una persona che subisce cambiamenti fisici, emotivi e mentali, conseguentemente anch'io attraverserò un periodo complicato.

Secondo te, quando arriva la menopausa le donne sono più libere?

FABIO: Non lo so, mi piacerebbe che lo fossero, ma penso che molte vivano quel momento come la fine di qualcosa. Non hanno capito che invece è l'inizio di una nuova libertà.

GIOVANNI: Secondo me sì, sanno di avere superato un traguardo, e se sono risolte sono in grado di affrontare al meglio il futuro.

DANIELE: Spero di no! Se si sentono completamente libere vanno alla conquista di cose e persone, perciò spero che si sentano un minimo non autonome, così vengono ancora a cercarmi.

ALESSANDRO: Lo auguro di cuore a tutte le donne. Mi pare ci sia ben poca parità tra i sessi: noi dobbiamo solo farci la barba, ma voi ne avete una più di Bertoldo.

LEONARDO: No.

FRANCESCO: Non c'entra nulla con la libertà, secondo me.

MASSIMILIANO: Sicuramente.

SAVERIO: Sì! Meno rotture di scatole.

GIOVANNI: Da un certo punto vista si sentono più libere, ma magari il corpo non risponde come prima, le donne sono una macchina complicata.

MATTEO: Fisicamente sì, mentalmente no.

LUCA: Non si può generalizzare. Secondo me alcune donne possono sentirsi più libere dalla pressione di evitare una gravidanza indesiderata, mentre altre possono affrontare preoccupazioni sui cambiamenti ormonali e sull'invecchiamento.

Dimmi il nome di qualche cinquantenne famosa. Quante te ne vengono in mente?

FABIO: Pur facendo il lavoro che faccio, non ho fisse in testa molte attrici o cantanti. Ti dico Maria Grazia Cucinotta e Rania di Giordania, me se ci penso un attimo posso nominarne altre quattro o cinque.

GIOVANNI: Jennifer Lopez, più altre quattro, cinque, da Simona Ventura a Gwyneth Paltrow.

DANIELE: Eva Kant che, guarda caso, è sempre uguale. Per lei il tempo non passa mai, però mi pare abbia appena compiuto cinquant'anni. Altre? Ma mica mi rendo conto se ne hanno trenta, quaranta o cinquanta, non è facilissimo e rischio di fare delle gaffe.

ALESSANDRO: Cindy Crawford. Ma le cinquantenni con cui uscirei volentierissimo a cena sono almeno una trentina, fra cui anche Paola Barale. Anzi, lei è fuori gara.

LEONARDO: Juliette Binoche. Dici che ne ha cinquantanove? Ma veramente?

FRANCESCO: Gwyneth Paltrow. Me ne vengono in mente un po', anche tante, in pochi secondi.

MASSIMILIANO: Fabiola Gianotti. Ma ce ne sono altre che ho in mente, sì.

SAVERIO: Paola Turci. E potrei farti diversi altri nomi.

GIOVANNI: Jennifer Lopez, ma non è il mio tipo. Una che ha il sedere assicurato mi dà fastidio.

MATTEO: Monica Bellucci. Me ne vengono in mente un bel po', sai.

LUCA: Sophie Marceau, Julia Roberts, Demi Moore, Jodie Foster, Paola Barale, Monica Bellucci, Luisa Ranieri, Sarah Jessica Parker, Linda Evangelista, Cindy Crawford, J.K. Rowling, Michelle Obama.

Quante te ne sarebbero venute in mente dieci o vent'anni fa?

FABIO: Di meno, perché ora le vivo come compagne di strada. Forse prima si nascondevano pure, c'era, come dire, più camouflage... Però, lavorando nel campo e spostandomi in tutto il mondo, per la mia esperienza posso dirti che ora ci sono spot bellissimi con donne con i capelli bianchi, mentre fino a dieci anni fa il capello bianco era bandito dalla pubblicità.

GIOVANNI: Lo stesso numero.

DANIELE: Come ti ho detto, temo di non essere molto bravo ad attribuire l'età, perciò non lo so.

ALESSANDRO: Sarebbero state di meno, sinceramente. E non si tratta solo dei cambiamenti che sono avvenuti nel frattempo, ma anche della mia età: quando avevo vent'anni, una donna di quaranta mi sembrava molto grande. È vero che le donne erano diverse, ma funziona anche viceversa, cioè per una ragazza di vent'anni, uno di quaranta era grandino.

LEONARDO: Ce n'erano di meno. Ma quelle di oggi non le individuiamo come cinquantenni; penso a Gwyneth Paltrow o Jennifer Lopez.

FRANCESCO: Secondo me pochissime.

MASSIMILIANO: Lo stesso numero che mi viene in mente oggi.

SAVERIO: Credo uguale.

GIOVANNI: Molte di meno. Ora avete allungato la giovinezza, una volta a quarant'anni eravate dei cadaveri.

MATTEO: Meno, senza dubbio.

LUCA: Mi sarebbero venute in mente le cinquantenni di dieci o vent'anni fa. Madonna, Barbra Streisand, Olivia Newton-John, Diane Keaton, Sigourney Weaver, Isabella Rossellini, Cher, Patti Smith, Jane Fonda, Sophia Loren, Edwige Fenech, la regina Elisabetta.

Sei più o meno attratto dal sapere che la donna che stai corteggiando non è più fertile?

FABIO: Sono più attratto, perché non rischio nulla nel caso sia distratto.

GIOVANNI: Più attratto. Perché il paradigma è parecchio cambiato, quando ero giovane la vergine era il massimo, il frutto proibito, la donna a cui ambire. Oggi invece la vergine è uno strazio, mentre la cinquantenne – non è che siano tutte così, ci mancherebbe – la si immagina libera e creativa (e un po' questa nomea la deve anche ai siti hard, suvvia).

DANIELE: Urca, sinceramente non mi interesserebbe sapere quella cosa lì, mi è capitato ma non cambia nulla.

ALESSANDRO: Non fa nessuna differenza.

LEONARDO: Non mi interessa.

FRANCESCO: Non mi sono mai posto il problema.

MASSIMILIANO: Più attratto.

SAVERIO: Sono più attratto perché mi sento più libero, so che non posso fare danni.

GIOVANNI: Se una donna mi piace, mi piace, è lei che non deve farsi menate. Paola, sai come funziona, no?

MATTEO: Più attratto. Essendo egoista (e maiale), così non mi faccio problemi.

LUCA: Indifferente. L'attrazione è basata su altri fattori, come la personalità, l'intelligenza, la compatibilità, la bellezza esteriore e interiore...

Quante donne hai corteggiato nella tua vita che hanno superato quella fase?

FABIO: Corteggiate innumerevoli, con corteggiamento finito bene saranno quindici.

GIOVANNI: Molte. Anzi moltissime.

DANIELE: Non lo so. Ma gli altri uomini fanno domande specifiche in materia quando corteggiano una donna?

ALESSANDRO: Una decina.

LEONARDO: Cinque.

FRANCESCO: Sono da sempre la mia passione, fin da quando ero molto giovane: con sette o otto sono andato anche più in là, come corteggiamento siamo alla doppia cifra.

MASSIMILIANO: Non saprei, so che ho sempre corteggiato donne più grandi di me.

SAVERIO: Boh, un paio.

GIOVANNI: In quest'ultimo anno ben sette, con sette problematiche diverse, che mi hanno rotto...

MATTEO: Tante, ho molto successo in quel campo.

LUCA: Per il momento nessuna.

In che percentuale sul totale?

FABIO: Negli ultimi cinque anni, sarà il 20%.

GIOVANNI: Finalizzato? Il 20%.

DANIELE: Ma davvero non saprei.

ALESSANDRO: Non tengo il conto, sono sempre una alla volta.

LEONARDO: E che ne so.

FRANCESCO: Con buon esito, il 30%.

MASSIMILIANO: Di quelle più grandi di me? Il 90%, se non erano più fertili non lo so.

SAVERIO: Il 5%.

GIOVANNI: Nell'ultimo anno, il 100%.

MATTEO: Un buon 30%.

LUCA: Lo 0%, per ora.

C'è differenza tra fare l'amore con una donna di trent'anni e una di cinquanta?

FABIO: La consapevolezza.

GIOVANNI: Sì, quella di cinquanta è molto più sexy.

DANIELE: Se non cambio io, no.

ALESSANDRO: Non me lo ricordo.

LEONARDO: La donna di cinquanta, se ti piace, ti fa girare la testa.

FRANCESCO: Certo che c'è differenza. Ma dipende anche dalla vita che ha avuto la cinquantenne. Da ragazzino mi sono capitate certe libertine... ho scoperto un mondo.

MASSIMILIANO: Sì.

SAVERIO: No.

GIOVANNI: Sì.

MATTEO: Sì.

LUCA: Penso proprio di sì, ma non si può generalizzare in base all'età. Per molti fattori, ogni persona ha esperienze sessuali diverse.

Ti senti più libero di chiedere il *famolo strano*, qualsiasi cosa tu intenda, con una di cinquanta?

FABIO: Mi sento libero uguale anche con una di venti, problema loro se non vogliono scoprire delle cose.

GIOVANNI: Io sì.

DANIELE: No. Di nuovo: se non cambio io, sempre uguale rimane.

ALESSANDRO: Lì è una questione di feeeling.

LEONARDO: Forse è più interessante, non per perversione, ma perché è intrigante immaginarlo.

FRANCESCO: No, non cambia, posso chiedere quello che mi pare a tutte, poi sta a loro, ma i miei desideri posso esprimerli.

MASSIMILIANO: Sì.

SAVERIO: No, uguale.

GIOVANNI: Sì. Che poi io voglio sempre farlo strano.

MATTEO: Sì, decisamente, perché l'ha già fatto di sicuro. L'uomo è poco fantasioso, quello che a me sembra strano è già stato sdoganato da un altro (pure se lei dirà che è la prima volta).

LUCA: Per me il *famolo strano* non esiste, nel senso che a qualsiasi età ognuno è libero di fare come meglio crede e più gli piace.

Trovi che le donne mature siano più sensibili e amorose o più stronze?

FABIO: Purtroppo più sensibili e amorose, io preferisco decisamente le stronze.

GIOVANNI: Quasi sempre riescono a essere entrambe le cose.

DANIELE: Le trovo più femminili, e spero anche siano più stronze. Prima di tutto mi piace la faccia delle stronze, e poi mi sento meno in colpa se una è stronza.

ALESSANDRO: Più sicure, più dolcemente stronze.

LEONARDO: Più stronze.

FRANCESCO: Non si può generalizzare, la sensibilità ha poco a che fare con l'età.

MASSIMILIANO: Non sono moti dell'anima determinati dall'età.

SAVERIO: Più sensibili e amorose.

GIOVANNI: Possono essere sia tenere sia spietate, hanno tutte le armi, possono fare quello che vogliono, soprattutto se sono belle. In ogni caso, hanno una forza che fa paura.

MATTEO: Più sensibili e amorose.

LUCA: L'età non determina il carattere. La personalità di una donna dipende dalla sua educazione, dalla sua cultura, dagli ambienti che ha frequentato e da tanti altri elementi.

Negli occhi di una donna di un'età certa vedi più montagne verdi o più bolle blu?

FABIO: Mamma mia, mi fanno orrore entrambe le immagini, ma dico bolle blu.

GIOVANNI: Più bolle blu.

DANIELE: Spero di vedere più bolle blu.

ALESSANDRO: Le montagne verdi fanno tanto Heidi, preferisco le bolle blu.

LEONARDO: Bolle blu.

FRANCESCO: Montagne verdi di sicuro, *Mille bolle blu* è una canzone – e un film – del cavolo.

MASSIMILIANO: A questa domanda, che dovrebbe fare Marzullo, possono rispondere solo Marcella Bella e Mina.

SAVERIO: Mille bolle blu.

GIOVANNI: Io vedo montagne verdi, le bolle blu le vedo la mattina dopo.

MATTEO: Montagne verdi.

LUCA: Vedo mille bolle blu che danzano su grappoli di nuvole, con l'amico mio più sincero, un coniglio dal muso nero.

Che cosa hai capito della domanda precedente?

FABIO: Era per sapere se vedi il mondo con una lente più bucolica, tipo Heidi, le montagne verdi, appunto. Oppure più sospeso, alla *Respiro* di Crialese, e sono le bolle blu.

GIOVANNI: Immagino che le montagne verdi siano l'emotività e le bolle blu la compassione. Negli occhi di una cinquantenne vedo più compassione, ha capito un po' di più di me.

DANIELE: Le bolle blu le vedo come un party, le montagne verdi come qualcosa di... Ma boh, non mi interessano le montagne verdi.

ALESSANDRO: Ci vedo da una parte la nostalgia,

dall'altra l'allegria. E io, avendo problemi di cervicale, non riesco a girarmi indietro.

LEONARDO: Niente. Ma faccio finta di nulla.

FRANCESCO: C'è un'ispirazione alle canzoni che hanno quei titoli: le mille bolle blu sono più trasgressive, mentre le montagne verdi sono dolci e riportano a quando eravamo ragazzi.

MASSIMILIANO: Che è una domanda del c^{xxx}o.

SAVERIO: Un c***o.

GIOVANNI: Che quando guardi negli occhi una donna, guardi tutto il futuro e il passato. E non ci capisci niente.

MATTEO: Le montagne verdi sono la serenità e le bolle blu sono le emozioni. Le bolle si muovono di più, la montagna è granitica.

LUCA: Ho capito che era una metafora per dimostrare che ho ancora margine di crescita.

Conclusioni

È FINITO? Davvero? La prima cosa che mi viene da scrivere, allora, è che mi mancherà scrivere. Mi mancherà il mio appuntamento con la riflessione, con quel pizzico (a volte anche qualcosa di più) di approfondimento. Sapete, in questi mesi ho anche un po' giocato a nascondino con la pagina, e lei con me. Ci siamo prese, perse, sfuggite e ritrovate.

Sono partita per questo viaggio con un bagaglio che pensavo leggero. Invece mi sono liberata di qualcosa parecchio pesante, e l'ho fatto andando avanti in questo racconto. Non è stato sempre facile, ma è sempre stato avvincente. Anche perché ho messo nella mia valigia nuove idee, risposte, soluzioni e, quello che mi piace di più, nuove domande.

Come in ogni viaggio che ho fatto nella mia vita, quasi in maniera non dico casuale, ma del tutto naturale, ho incontrato delle persone, donne e uomini che – con una generosità all'inizio inattesa, poi a mano a mano sempre più confortante, e con una grazia che mi ha quasi emozionata – mi hanno spiegato il loro lavoro, il loro punto di vista, la loro idea.

Ho così visto prospettive diverse dentro alcuni paesaggi che pensavo di conoscere bene. E l'ho fatto sentendomi sempre parte di qualcosa, mai sola. Perché ora so che non sono sola.

Ho parlato dei cinquant'anni, della menopausa, dei cambiamenti, delle tempeste e degli sconvolgimenti, delle risate (tantissime), delle incertezze (d'accordo, anche più di qualcuna), dei vantaggi (che sono tanti) e della rabbia (ma poi trovo sempre il modo di scherzarci su) che mi provocano certi pregiudizi.

Ho parlato della tenerezza, della tristezza, della gioia e della felicità. Ho parlato delle emozioni, di come tutto deve trovare un suo personalissimo equilibrio, e di come qualche volta succeda.

Le Bar: Ho fatto questo e l'ho fatto pensando di non averne paura, invece, come tutti e tutte, un po' di paura l'ho sentita, arrivava da lontano, l'avevo nascosta dietro così tante cose che alla fine quasi non riusciva più a saltare fuori, però...

Però? Però adesso so di non avere paura della paura. Scrivere ha cambiato qualcosa, mi ha rassicurata in una maniera misteriosa, non vorrei dire, ma lo dico, quasi mistica (e anche un po' terrena, suvvia).

E se è vero che più si è personali più si è universali,

la mia speranza, il mio desiderio è che questo arrivi anche a chi legge queste pagine, perché sul serio non è poi la fine del mondo, sapete? Anzi. E se non è l'inizio, per lo meno è un nuovo inizio. Arrivederci a presto, allora.

Nel frattempo, buon viaggio, ragazze.

Ringraziamenti

QUESTO libro è stata per me un'avventura entusiasmante soprattutto perché ho avuto dei compagni di viaggio magnifici che mi hanno aiutato a esplorare la complessità e la delicatezza dell'essere donna e mi hanno fatto crescere come mai avrei osato sperare.

Voglio quindi ringraziare (in rigoroso ordine alfabetico):

Alessandra Graziottin

Azzurra Della Penna

Beppe Cuccarese

Camilla D'Antonio

Filippo Sorcinelli

Jill Cooper

Martina Trani

Simona Cipollone.

Indice

Sperling & Kupfer usa carta certificata PEFC
che garantisce la gestione sostenibile delle risorse forestali

Questo libro è fabbricato da Grafica Veneta S.p.A.
con un processo di stampa e rilegatura certificato 100% carbon neutral
in accordo con PAS 2060 BSI

Finito di stampare presso Grafica Veneta S.p.A.
Via Malcanton, 2 – Trebaseleghe (PD)
Printed in Italy